U0945621

快手、抖音 短视频运营与推广 从入门到精通

姚志明　编著

清華大學出版社
北　京

内 容 简 介

本书是由快手、抖音实战派导师，结合自身运营实战经验打造的短视频攻略，以帮助广大短视频运营者全面精通快手和抖音短视频的运营！书中从快手、抖音共性的八个方面，即行业状况、账号定位、信息设置、内容发布、内容选择、文案打造、引流涨粉、商业变现，进行了深入的剖析。同一章内容既讲快手又讲抖音，方便大家比较异同，这样可以求同存异，根据自己的特色，有针对性地经营平台，获得更大的成功。对于重点内容，如引流和变现，则安排独立章节讲解，帮助大家完成精通。

本书适合短视频运营与变现者，特别是快手、抖音短视频运营者，同时可以作为其他短视频平台运营者的参考用书，也可作为大专院校相关专业教材。

本书封面贴有清华大学出版社防伪标签，无标签者不得销售。
版权所有，侵权必究。举报：010-62782989，beiqinquan@tup.tsinghua.edu.cn。

图书在版编目(CIP)数据

快手、抖音短视频运营与推广从入门到精通 / 姚志明编著. —北京：清华大学出版社，2020.7（2021.8重印）

ISBN 978-7-302-55839-2

Ⅰ. ①快…　Ⅱ. ①姚…　Ⅲ. ①网络营销　Ⅳ. ①F713.365.2

中国版本图书馆CIP数据核字(2020)第108504号

责任编辑：张　瑜
封面设计：杨玉兰
责任校对：周剑云
责任印制：杨　艳
出版发行：清华大学出版社
　网　　址：http://www.tup.com.cn, http://www.wqbook.com
　地　　址：北京清华大学学研大厦A座　　**邮　　编**：100084
　社 总 机：010-62770175　　**邮　　购**：010-62786544
　投稿与读者服务：010-62776969, c-service@tup.tsinghua.edu.cn
　质量反馈：010-62772015, zhiliang@tup.tsinghua.edu.cn
印 装 者：小森印刷(北京)有限公司
经　　销：全国新华书店
开　　本：170mm × 240mm　　**印　　张**：14.5　　**字　　数**：253千字
版　　次：2020年8月第1版　　**印　　次**：2021年8月第2次印刷
定　　价：59.80元

产品编号：069841-01

前言

从 2005 年的优酷、土豆视频网站开始，到 2013 年 4G 和移动互联网的快速发展，国内短视频逐渐打开了市场。短视频作为一种新兴的传播形式，时长较短，容量较少，使人们能利用碎片化的时间获取信息、休闲娱乐，因而受到大众的广泛欢迎。因为有视频和音频的多维度信息，短视频会让人觉得更加真实，拉近了传播距离，让情感和信息的传递变得更加容易。

2016 年是短视频爆发的元年，人们从 PC 端转移到移动端，这种生活方式的转变，让短视频迎来了发展的“春天”！

2019 年，被业内认为是“5G 元年”，全球有近百家运营商进行了 5G 网络部署。相信随着 5G 时代的到来，短视频将会和曾经的图像文字一样，成为人类最基础、最常用的传播工具之一。可以预见的是，短视频用户数量还会出现较大规模的增长，行业成为市场“蓝海”。

抖音、快手短视频，作为短视频行业中的代表，它们通过强大的后期特效技术，营造出丰富多彩的画面特效，同时激发了人们创作的动力，鼓励用户对生活进行分享，引起情感共鸣，为普通人提供了展示自我的平台。

抖音、快手短视频的社交化特性，增加了粉丝黏性。另外，短视频有着较强的裂变能力，传播速度非常快。短视频的粉丝可以自由观看，还能和创作者进行很好的互动，对私域流量的提升有非常大的帮助。

然而，许多个人和企业只是粗略地知道抖音、快手短视频的制作方式，对于短视频背后的点点滴滴，很难有一个较为系统的认知。

例如：怎样深入了解快手、抖音短视频？怎样找准快手、抖音短视频账号的定位和运营方向？怎样注册快手、抖音账号和进行信息设置？怎样进行快手、抖音短视频的内容拍摄、剪辑和发布？怎样对快手、抖音短视频进行内容创意生产？怎样创作快手、抖音短视频的吸睛文案？怎样对快手、抖音短视频引流并聚集粉丝？怎样对快手、抖音短视频进行商业变现，获取经济收益？

以上各种问题，阅读本书便能找到答案。

本书以短视频为核心，以短视频运营和商业变现为根本出发点，带领广大读者深入浅出地了解快手、抖音短视频运营和变现的方法、技巧，同时系统地讲解如何为快手、抖音短视频的内容创作、文案创作、商业引流、聚集粉丝等带来更多的创新思路，让广大读者可以实现从简单操作到轻松玩转快手、抖音短视频。

由于作者知识水平有限，书中难免有错误和疏漏之处，恳请广大读者批评指正。

姚志明

目录

第 1 章
短视频流量高增长，快手、抖音双雄争霸

学前提示

近年来，闲暇时间查看短视频内容已经成为许多人的习惯。与此同时，越来越多的企业开始打造和入驻短视频平台，短视频流量也出现了高速增长。

随着短视频行业的发展，越来越多的短视频平台开始不断涌现。而在众多短视频平台中，最具影响力的无疑就是快手和抖音了。因此，短视频领域也出现了快手、抖音双雄争霸的局面。

要点展示

- 快手、抖音争霸短视频领域
- 快手：记录世界，记录你
- 抖音：记录美好生活

1.1　快手、抖音争霸短视频领域

近年来，短视频领域快速发展，稍加留心，便不难发现我们身边许多人都玩起了短视频。短视频领域的快速发展，使字节跳动、腾讯、百度和快手等企业纷纷做起了自己的短视频平台。而在众多短视频平台中，影响力最大的无疑就是快手和抖音了。因此，在短视频领域形成了快手和抖音两强争霸的局面。

1.1.1　泛娱乐时代崛起的短视频领域

这是一个泛娱乐的时代，大多数人使用网络和移动网络更多的是带有娱乐的性质，如查看在线视频、刷短视频、玩手机游戏、在线听音乐和进行在线阅读。而在这些娱乐行业中，2019 年 6 月，短视频行业月活跃用户数达 8.21 亿，仅次于在线视频行业（月活跃用户数为 9.64 亿）。另外，从同比增速来看，2019 年 6 月短视频行业更是以 32.3% 的增长率位居娱乐行业的首位。如图 1-1 所示为泛娱乐典型行业月活跃用户数（亿）及同比增速图。（本小节相关数据图片由 QuestMobile、兴业证券经纪与金融研究院公布的数据进行整理的。）

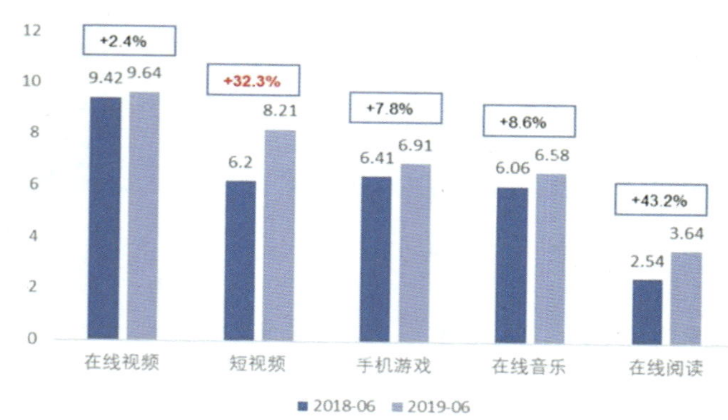

图 1-1　泛娱乐典型行业月活跃用户数（亿）及同比增速

除了月活跃用户数及同比增速之外，短视频行业在用户使用时长方面也有惊人的数据表现。如图 1-2 所示为 2019 年 6 月用户总使用时长同比增量占比 TOP 细分行业图，从中可以看到，其中短视频行业便以 65.4% 的增长率居于首位，且其增速遥遥领先排名第二的 MOBA 行业增速。

在行业月人均使用时长方面，短视频行业以 22.3 小时的人均使用时长居于泛娱乐行业的首位，其中 8.6% 的人均使用时长增速同样是居于泛娱乐行业的首位。如图 1–3 所示为泛娱乐典型行业月人均使用时长（小时）及增速图。

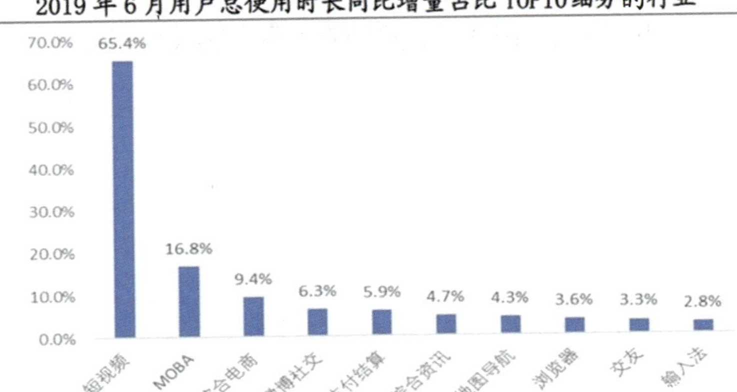

图 1–2　2019 年 6 月总使用时长同比增量占比 TOP10 的细分行业

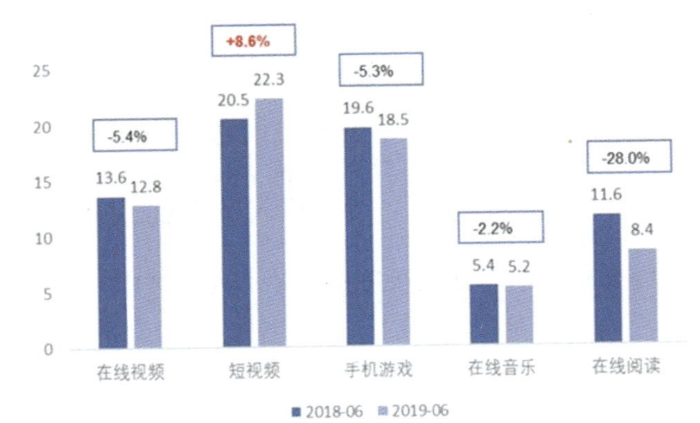

图 1–3　泛娱乐典型行业月人均使用时长（小时）及增速

1.1.2　短视频赛道引来快手、抖音争霸

短视频行业的快速发展，也为各大短视频平台带来了许多发展机遇。而在众多短视频平台中，快手和抖音无疑是最引人注目的。可以说，但凡做短视频的，十之八九会入驻快手或抖音，因为这两个平台的流量都是非常惊人的。

以 2019 年 6 月为例，抖音和快手的月 MAU（即月活跃用户数）便分

别位居第 7 位和第 15 位，具体如图 1–4 所示。(本小节相关数据图片来自 QuestMobile、兴业证券经纪与金融研究院的整理。)

序号	行业分类	APP名称	2019年6月MAU (万)
1	移动社交	微信	94,497.9
2	移动社交	QQ	66,048.3
3	金融理财	支付宝	64,550.5
4	移动购物	手机淘宝	60,995.1
5	移动视频	爱奇艺	55,628.5
6	移动视频	腾讯视频	55,306.2
7	移动视频	抖音短视频	48,600.6
8	出行服务	高德地图	47,622.4
9	系统工具	搜狗输入法	45,451.3
10	系统工具	百度	45,376.3
11	移动社交	微博	42,447.6
12	出行服务	百度地图	41,991.6
13	移动视频	优酷视频	41,500.9
14	系统工具	WiFi万能钥匙	39,057.7
15	移动视频	快手	34,050.1
16	移动购物	拼多多	34,009.8
17	系统工具	QQ浏览器	30,337.7
18	新闻资讯	腾讯新闻	28,487.7

图 1–4　2019 年 6 月 MAU 排行(万)

既然短视频领域变成了快手和抖音争霸竞技场，那么，具体的争霸情况如何呢？下面笔者就以月活跃用户和日活跃用户的对比进行说明。

月活跃用户方面，快手起初是领先抖音的，但从 2018 年 4 月开始，抖音实现了超越，并且逐渐与快手拉开了一定的距离。如图 1–5 所示为 2018 年 1 月至 2019 年 6 月抖音和快手的月活跃用户数(亿人)对比图。

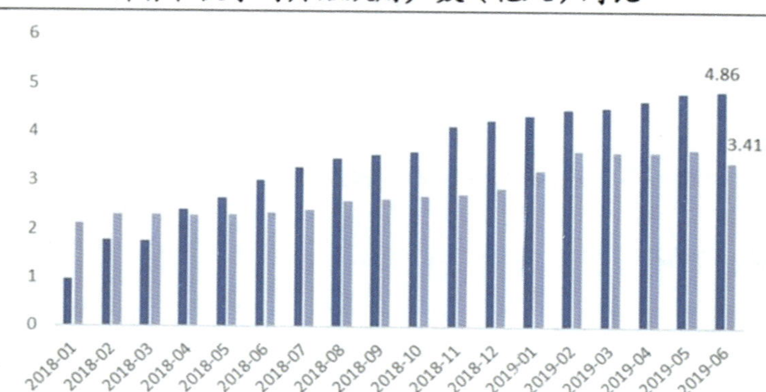

图 1–5　抖音和快手的月活跃用户数(亿人)对比

在日活跃用户方面，起初仍是快手处于领先地位，2018 年 4 月，抖音和快手的日活跃用户数已经相差不大了。之后，抖音的日活跃用户数明显超过了快手。如图 1–6 所示为 2018 年 1 月至 2019 年 6 月抖音和快手的日活跃用户数（亿人）对比图。

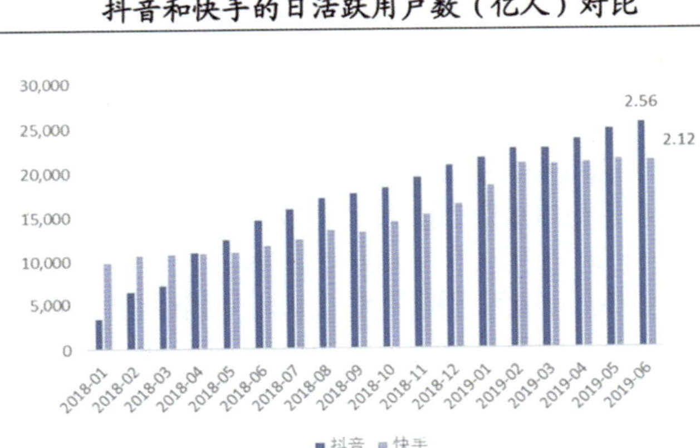

图 1–6　抖音和快手的日活跃用户数（亿人）对比

综合上述数据不难发现，在抖音和快手的竞争中，快手最初处于领先地位，而抖音则后来居上，在短短几个月的时间内便超越了快手。当然，虽然快手目前在争霸中处于相对的弱势地位，但是，其数据表现仍是比较惊人的。这也是许多人选择入驻快手的重要原因。

1.2　快手：记录世界，记录你

因为 4G 移动网络的普及，逐渐带火了一批短视频应用，其中快手便是火遍大江南北的佼佼者，那么对于一个快手运营者而言，如何运营好快手短视频账号，这是摆在运营者面前的一个难题。

1.2.1　快手的前世今生

我们要真正深入了解一个人，一般要先清楚他的时代背景及其经历，正如《孟子》中所说：“颂其诗，读其书，不知其人，可乎？是以论其世也。”我们要想真正了解快手，还得先了解快手的前世今生，或者说是来龙去脉。

1. 快手前世

2011 年的时候，快手当时叫“GIF 快手”，只是一款制作和分享 GIF 动态图的工具。2013 年 7 月，“GIF 快手”才从工具类应用转型为短视频类应用，改名“快手”，其名称一直沿用至今。

快手算是最早扎根于短视频分享平台的 App，一时风头无双。那时候，与快手平分半壁江山的抖音还没有创建，美拍与小咖秀这些短视频还在抢夺一二线市场，而快手创始人却选择了不同寻常的道路，挖掘下沉市场，将“快手”这个产品贴近并为三四线城市的草根量身定做。

2. 快手今生

2016 年，一篇《残酷底层物语，一个视频软件的中国农村》的文章在网络走红，文章中不仅披露了快手存在低俗、猎奇的内容，还指出了城乡二元尖锐对立的局面。2018 年，快手又遭受央视的批评。随后其创始人发文《接受批评，重整前行》进行道歉，并对快手进行了改革，加入了很多正能量内容。至此，快手正式迈入 2.0 时代。

2018 年，快手推出“快手营销平台”。该平台以社交为中心，整合快接单、快享计划、快手小店等内容和功能，将各种功能集于一身。现今，为了摆脱扁平化桎梏和加速商业化进程，各大电商开始造节，阿里造“双十一”，京东造“618”，苏宁造“818”……在这种情形下，2018 年 11 月 6 日，快手推出首届“电商节”，至此快手完成商业化布局，正式开启商业变现的旅程。

1.2.2　快手的产品定位

虽然同为短视频应用，但是快手和抖音的定位完全不一样。抖音的红火靠的就是马太效应——强者恒强、弱者愈弱。也就是说在抖音上，本身流量较大的网红和明星可以通过官方支持获得更多的流量和曝光，而对于普通用户而言，获得推荐和上热门的机会就少得多。

快手的创始人之一宿华曾表示：“我就想做一个普通人都能平等记录的好产品。”这恰好就是快手这个产品的核心逻辑。抖音靠的是流量为王，快手是即使损失一部分流量，也要让用户获得平等推荐的机会。

1.2.3　快手的平台特色

与其他平台相比，快手有着它自己的一些特色。下面笔者就选取其中的三个特色进行说明。

1. 青少年模式

现在许多父母在孩子吵闹的时候，都会把手机拿给孩子玩。然而，孩子有时候不太懂事，自制力也比较差，父母如果不让玩了，可能就会发脾气。其实，此时可以通过青少年模式的设置，对孩子刷快手的行为进行适当的控制。下面笔者就来介绍快手青少年模式的设置步骤。

步骤01 登录快手短视频 App，点击界面左侧的☰按钮，操作完成后会弹出一个菜单栏；点击菜单栏中的“青少年模式”按钮，如图 1-7 所示。

步骤02 进入“青少年模式”界面，查看青少年模式的相关内容，如果确认需要开启，只需点击“开启青少年模式”按钮即可，如图 1-8 所示。

图 1-7 点击“青少年模式”按钮

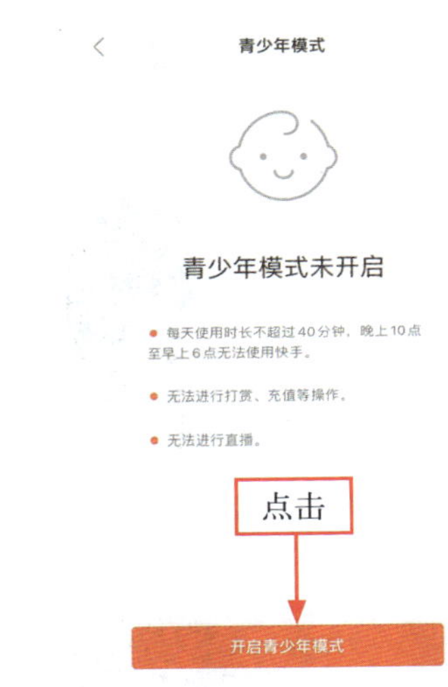

图 1-8 “青少年模式”界面

步骤03 操作完成后，“青少年模式”按钮所在的位置将出现一个✅图标，如图 1-9 所示。此时，如果快手用户点击该按钮，便会进入“青少年模式”界面，并且界面中将显示“青少年模式已开启”字样，如图 1-10 所示。

2. 屏幕显示设置

点击快手视频之后，系统会默认以全屏模式显示视频内容，如图 1-11 所示。其实，除了这种模式之外，快手用户还可以将显示模式设置为大屏模式，下面就来介绍具体的设置步骤。

步骤01 登录快手短视频 App，点击界面左侧的☰按钮，操作完成后会弹出一个菜单栏；点击菜单栏中的“大屏模式”按钮，如图 1-12 所示。

步骤02 进入“大屏模式”界面，查看相关内容，如果确认需要开启，只需点击“开启大屏模式”按钮即可，如图 1-13 所示。操作完成后，点击进入一条视频，该视频便会以大屏模式显示，如图 1-14 所示。

图 1-9　出现✓图标

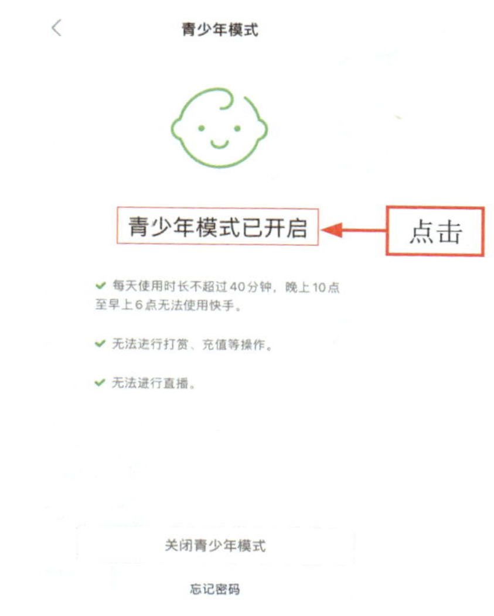

图 1-10　显示“青少年模式已开启”

图 1-11　全屏显示模式

图 1-12　点击“大屏模式”按钮

3. 功能呈现选择

快手侧边菜单栏默认显示的是“查找”“游戏”“直播广场”和“本地作品

集”这四个功能。考虑到不同用户的习惯和爱好会有所差异，快手平台开启了功能呈现选择功能，用户可以通过以下步骤对侧边菜单栏呈现的功能项进行选择。

步骤 01 登录快手短视频 App，点击界面左侧的按钮，操作完成后会弹出一个菜单栏，点击菜单栏中的“更多”按钮。

图 1-13 “大屏模式”界面

图 1-14 大屏显示模式

步骤 02 进入快手功能设置界面，点击界面左下方的“编辑”按钮，如图 1-15 所示。

步骤 03 操作完成后，侧边栏中显示的功能的右上方会出现图标，而侧边栏中未显示的功能的右上方则会出现图标，如图 1-16 所示。

步骤 04 快手用户可以通过点击对应功能右上方的图标和图标，对需要呈现的功能进行设置。如果侧边栏中显示的功能无须再显示，可以点击其右上方的图标；反之，如果侧边栏中未显示的功能需要显示时，可以点击其右上方的图标。

例如，点击“游戏”功能右上方的图标和“扫一扫”功能右上方的图标，快手功能设置界面便会进行对应的调整，如图 1-17 所示。

步骤 05 功能设置调整完成后，点击下方的“完成”按钮。操作完成后，返回菜单栏界面。如果菜单栏出现了对应的调整，就说明快手功能呈现选择设置成功了，如图 1-18 所示。

图 1-15　快手功能设置界面

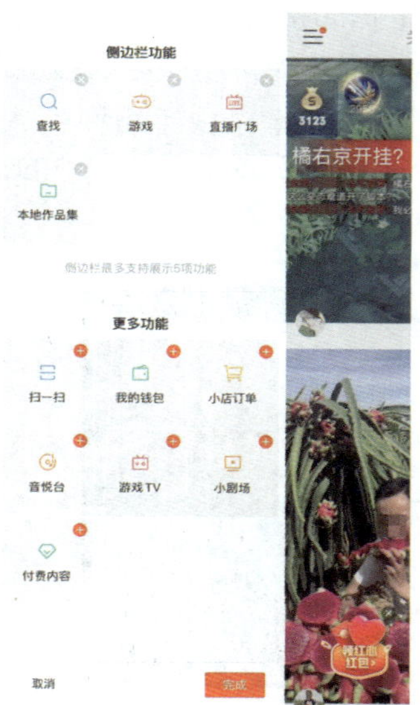

图 1-16　出现⊗和⊕图标

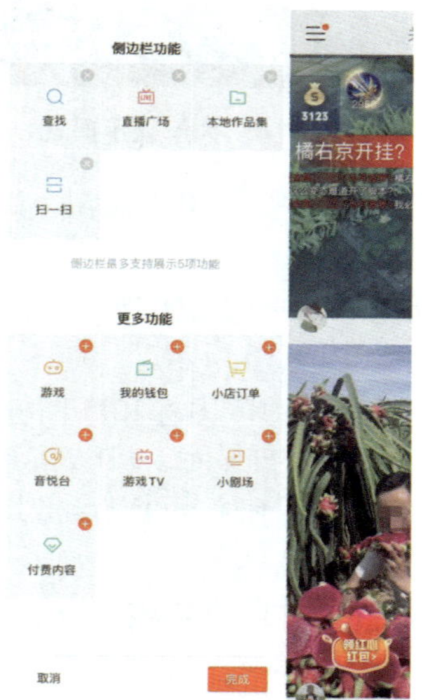

图 1-17　功能设置界面的调整

图 1-18　菜单栏功能调整完成

1.2.4　快手的界面介绍

进入快手短视频 App 即可看到它的三个界面，即关注、发现和同城。下面就对这三个界面进行简单的介绍。

1. “关注”界面

快手的“关注”界面会自动显示快手用户关注的快手号发布的视频内容和正在进行的直播，如图 1–19 所示。快手用户只需点击对应的视频或直播，便可查看视频内容或进入直播间。例如，点击图 1–19 左上方的直播画面，便可进入如图 1–20 所示的直播间。

图 1–19 “关注”界面

图 1–20 直接进入直播间

2. “发现”界面

登录快手短视频 App 之后，用户会自动进入“发现”版块的“推荐”界面，如图 1–21 所示。除了“推荐”之外，“发现”界面还提供了“明星”“萌娃”“美食”“音乐”和“vlog”版块的内容。例如，点击“美食”按钮，即可进入“美食”界面，如图 1–22 所示。

3. “同城”界面

快手短视频 App 会根据用户的位置，显示同城界面的名称。例如，笔者身处长沙，同城界面的名称便显示为“长沙”。“同城”界面会将该城市中快手号发布的视频和直播进行推荐，如图 1–23 所示。

另外，“同城”界面中还提供了“附近直播”“附近的人”“附近的群”和“聊天直播”版块的入口。例如，点击“附近的人”按钮，便可进入如图 1–24 所示的“附近的人”界面。

图 1-21　“推荐”界面

图 1-22　“美食”界面

图 1-23　“同城”界面

图 1-24　“附近的人”界面

1.3　抖音：记录美好生活

如今这个快节奏时代，短视频的发展已经成为不可阻挡的趋势了。在众多短视频平台中，抖音因其巨大的流量、年轻的用户以及不可估量的商机脱颖而出，成为各大品牌入驻短视频平台的重要选择。那么，抖音究竟是一个什么样的平台呢？本节将为你揭晓答案。

1.3.1 抖音是什么

抖音是于 2016 年 9 月上线的一款音乐创意短视频社交软件，是一个专注于年轻人的 15 秒音乐短视频社区。用户可以通过这款软件选择歌曲，拍摄 15 秒的音乐短视频，创作自己的作品并发布。

抖音的 slogan（口号）是“专注新生代的音乐短视频社区”，可见其目标用户主要为年轻用户，其产品形态以音乐短视频为主，其愿景是打造音乐社区。

现在市场上同类短视频 App 有很多，为什么抖音能脱颖而出呢？下面首先来简单了解一下它的平台特点和优势。

1. 平台特点

抖音是今日头条孵化的一款短视频社交 App，其虽然是今日头条旗下产品，但在品牌调性（品牌调性是基于品牌或产品的外在表现而形成的市场印象，从品牌与产品人格化的模式来说，等同于人的性格）上和今日头条不同。

今日头条的品牌调性更接近于快手，用户基本集中在三四线城市以及广大农村，内容比较接地气，而抖音瞄准的大多是一二线城市的年轻用户，85% 以上的用户是“95 后”和“00 后”人群，因此内容更加潮酷和年轻。

在功能方面，抖音与快手非常相似，两款社交短视频产品相比较而言，两者最大的区别还是品牌调性和用户画像，快手更加“真实”和“接地气”，而抖音更加“高大上”和酷炫。

2. 平台优势

抖音最初的定位是“音乐短视频 App”，内容主要是音乐类视频，还有些其他才艺表演，后来随着用户量的增长，内容也越来越丰富、多元化。打开抖音 App，可以看到各种“逆天化妆术”、街头跑酷、影视剧片段模仿，以及趣味恶搞等内容，给用户最直观的感受就是有创意、有趣、高颜值和潮流酷炫。所以说，抖音之所以能从众多短视频 App 中脱颖而出，关键之一就是这些好玩有趣的视频内容。

其实，很多其他 App 也有很多有趣的内容，如小咖秀等。抖音之所以能超越这些 App，主要归功于用抖音拍摄小视频时，用户可以添加很多玩法和特效，可以通过视频拍摄的速度快慢，以及原创特效（如反复、闪一下以及慢镜头等）、滤镜和场景切换等技术，让视频更具创造性，一秒变大片。

再加上抖音的配乐，经常是一些电音和舞曲，大多数作品节奏感很强、有魔性，给人感觉比较酷、炫、潮。用抖音拍摄短视频，制作难度非常低且容易上手，普通用户也可以做出好玩、酷炫的短视频。

以上这些就是抖音平台的特点和优势了，对于用户来说，每天无聊时打开 App 就能看到各种好看、好玩、有意思的视频，为平凡枯燥的生活增添很多乐趣。同时，当用户有想法和创意时，又可以快速创作出酷炫的大片作品，秀出自己的高颜值和才艺，满足自己的表现欲和创作欲。另外，抖音的社交属性可以让用户看到并认识很多有趣的朋友，所以说抖音能“火”也是一种必然。

1.3.2 抖音的技术应用

抖音的技术应用主要包括以下几个方面，如图 1-25 所示。

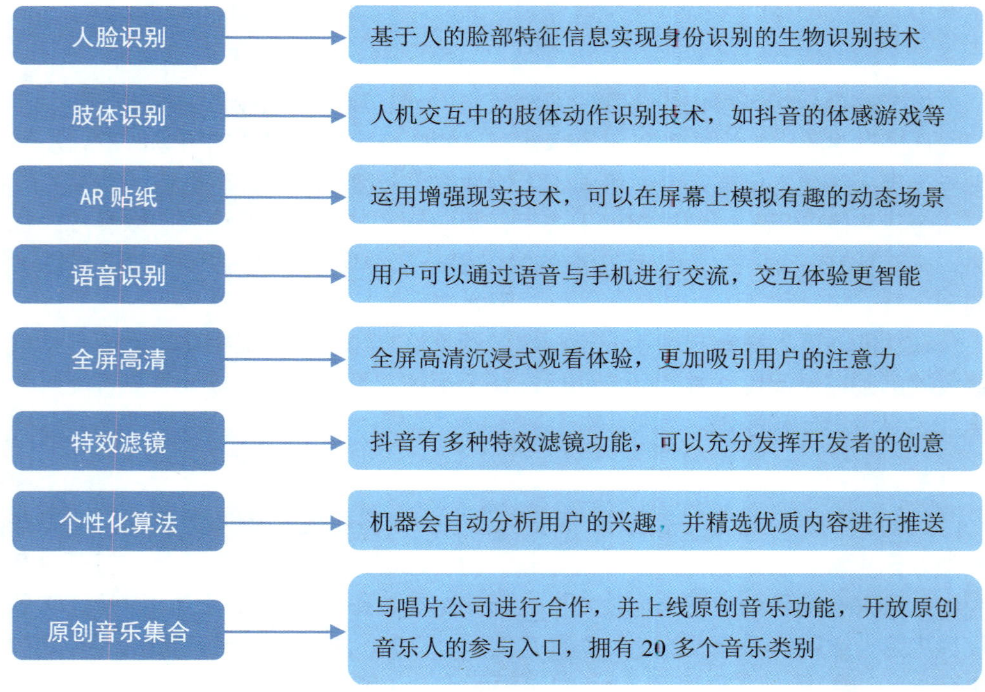

图 1-25 抖音的技术应用

如图 1-26 所示为基于增强现实技术打造的 AR 贴纸功能，该功能可为用户提供更多的创意玩法，产生不同的酷炫且有趣的内容。

图 1-26　AR 贴纸功能

1.3.3　抖音的品牌营销趋势

从 2018 年年初开始，抖音就已经慢慢地挤掉了微信、微博和今日头条等一系列耳熟能详的应用，长期占据了各大应用商店的下载榜第一名。越来越多的品牌开始驻扎抖音，在这个“魔性”的内容社区中，玩出了丰富的新潮营销玩法。如图 1-27 所示，为抖音平台的品牌营销趋势。

抖音的品牌营销趋势

- 让广告更立体且有穿透性
- 让普通用户也可以基于智能技术创作出特效视频
- 让普通用户可以参与短视频的创意众包
- 引发群体参与的新一代 SNS 平台
- 爆款内容与话题的驱动器
- 让内容进入用户的关系链
- 缩短用户与品牌之间的转化路径

图 1-27　抖音的品牌营销趋势

抖音是目前非常火爆的短视频平台，很多人都在刷抖音，用户不仅包括人民网、支付宝、美团外卖、饿了么等大型机构和企业，如图 1-28 所示，同时，抖音平台上还有很多明星在不断地加入，甚至连很多官方机构都开始加入抖音，前景非常好。

图 1-28　支付宝和美团外卖的官方抖音账号

在市场方面，抖音的软文推广和“带货”能力都很好，那些拥有百万粉丝的账号，他们接一个广告的费用就是好几万元。随着抖音从一二线城市开始向三四五线城市扩展，用户越来越多，市场也越来越好，因此抖音的前景和市场是相辅相成的。

1.3.4　抖音的界面介绍

抖音既具有工具属性，如拍摄和制作短视频功能，又具有社交属性，如分享和关注等。本节主要分析抖音的界面功能，看看它究竟为何成为年轻人喜欢的 App。

注册并登录抖音后，首先出现的就是“首页”界面，同时自动播放视频，显示相关的视频信息，如图 1-29 所示。

点击用户账户下面的“+”按钮，即可关注该用户，点击点赞、评论或分享按钮，即可进行相应的操作。另外，双击视频也可以进行快速点赞，如图 1-30 所示。单击视频界面则可以暂停播放，以便于进行截图等操作，如图 1-31 所示。

“首页”界面包括“推荐”和“关注”两个模块。进入“关注”版块后，会自动播放某个关注的抖音号的短视频，如图 1-32 所示。向下滑动屏幕，还可以查看更多的关注账号发布的短视频内容，如图 1-33 所示。

1. “同城”界面

“同城”会自动定位用户所在的城市，并推荐附近的优质短视频内容，如

图 1-34 所示。在视频封面下方还会显示相应的视频信息、拍摄距离和用户账号等内容。

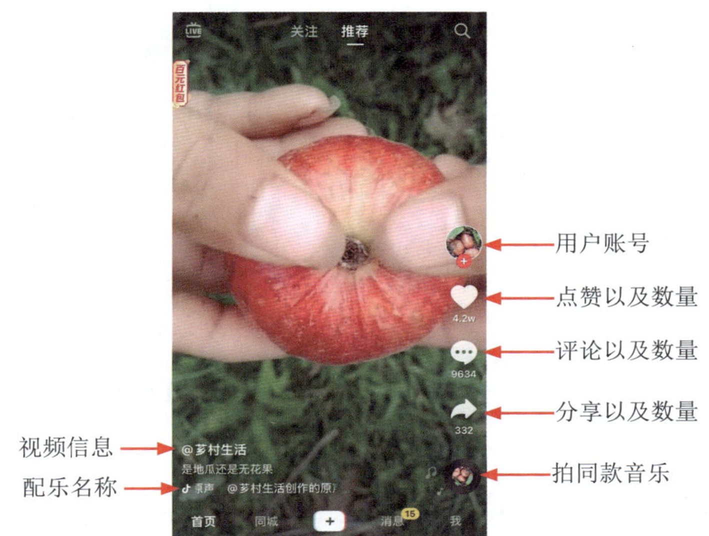

图 1-29 “首页”界面

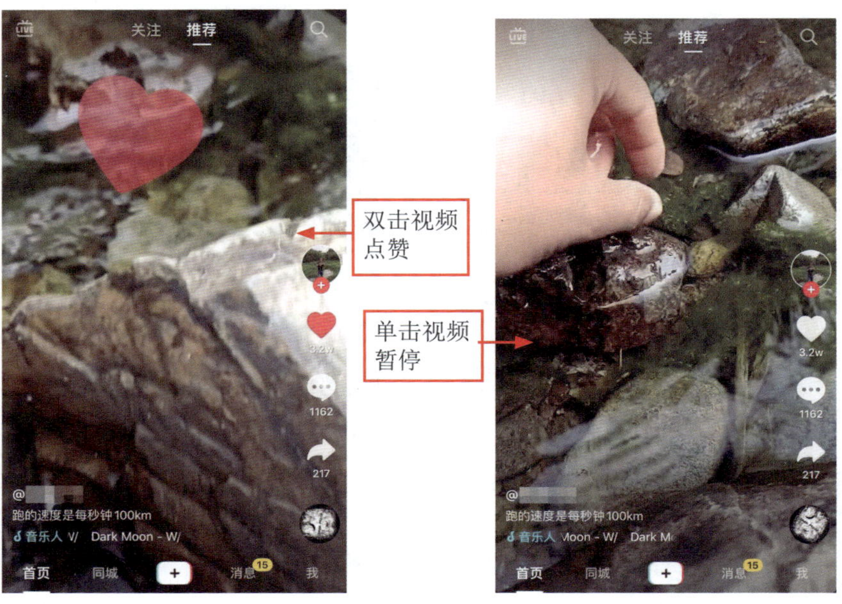

图 1-30 快速点赞

图 1-31 暂停播放

图 1–32　“关注”界面

用户头像

图 1–33　“同城”界面

在“同城”界面，点击右上角的“切换”按钮，用户还可以切换查看其他抖音热门城市的本地化内容，如图 1–34 所示。点击右侧的字母序列，还可以快速查找该字母拼音开头的城市名称，便于用户查找。

2. “消息”界面

“消息”界面主要包括粉丝、赞、@ 我的以及评论四个主要功能，同时还有游戏小助手、抖音小助手以及系统消息等功能，如图 1-35 所示。点击“粉丝”按钮进入其界面，可以查看近期关注你的用户信息，如图 1-36 所示。

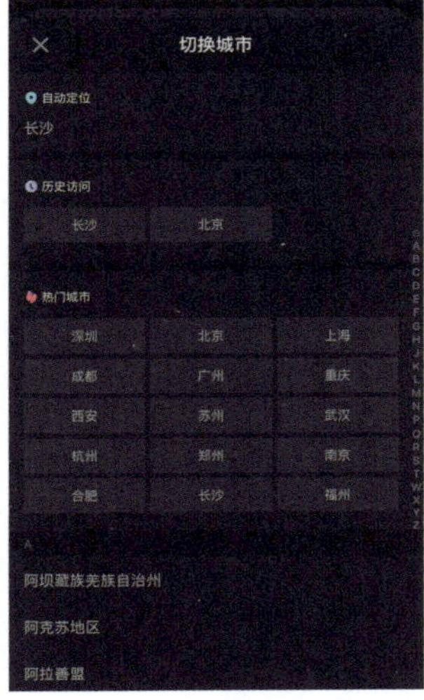

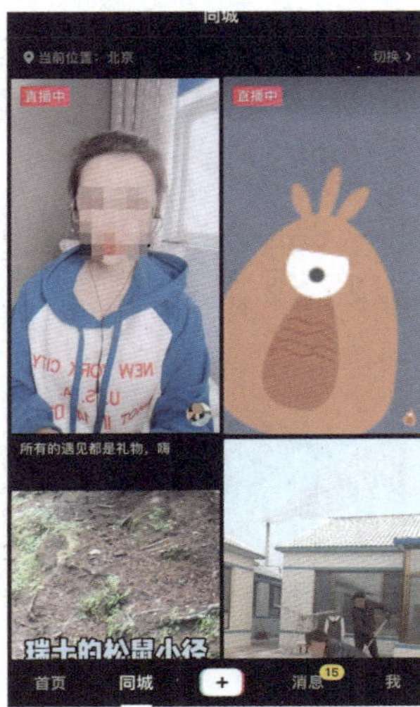

图 1-34　切换查看其他城市的短视频内容

图 1-35　“消息”界面

图 1-36　“粉丝”界面

另外，“消息”界面还提供了“发起聊天”功能的入口。抖音用户只需点击“消息”界面的“发起聊天”按钮，便可进入“选择互关好友”界面，勾选需要发起聊天的对象；点击“完成”按钮。操作完成后，即可进入抖音聊天界面，与

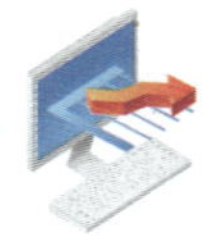

选择的抖音用户进行沟通，如图 1–37 所示。

图 1–37　发起聊天

3. “我”界面

“我”界面主要包括账号信息设置和作品管理两大功能。“我”界面上方显示了用户的头像、抖音号、简介、标签以及粉丝数量等信息，如图 1–38 所示。点击“编辑资料”按钮进入“编辑个人资料”界面，可以设置相关的账号资料和其他信息，如图 1–39 所示。

图 1–38　“我”界面

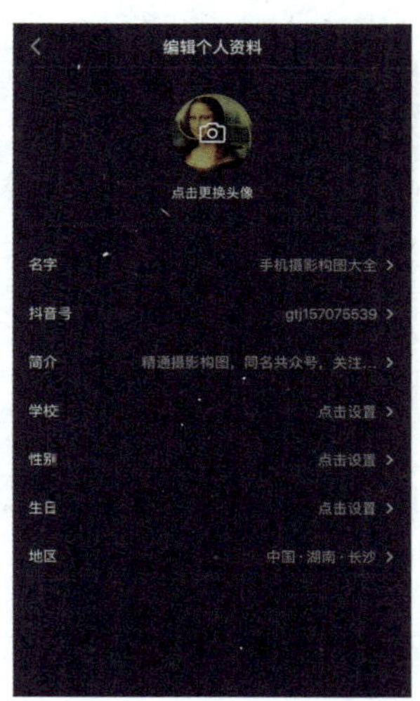

图 1–39　“编辑个人资料”界面

“我”界面下方则显示了“作品”“动态”和“喜欢”等信息，“作品”界面则可以显示用户拍摄的所有作品列表，“动态”界面则可以预览短视频内容，“喜欢”界面包含了用户收藏的短视频内容，如图 1-40 所示。

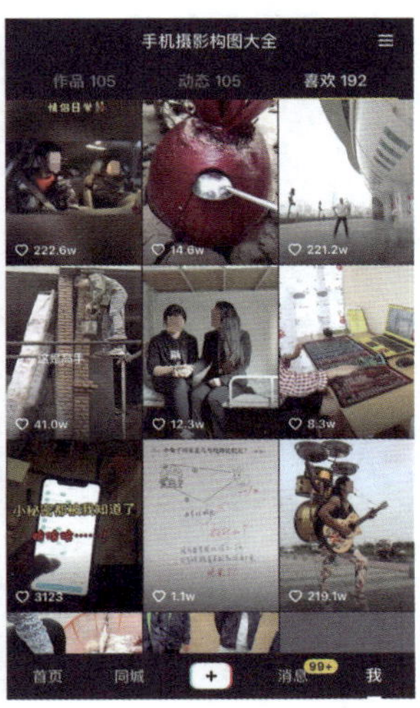

图 1-40 “作品”“动态”和“喜欢”界面

第 2 章

账号定位，找准快手、抖音号的运营方向

学前提示

在做一件事情之前一定要先找准方向，只有这样才能有的放矢。做快手、抖音运营也是如此。那么，如何找准快手抖音号的运营方向呢？其中一种比较有效的方法就是通过账号定位，从一开始就明确运营的方向。

要点展示

- 快手号的定位方法
- 抖音号的五维定位法

2.1 快手号的定位方法

快手号定位就是为快手号的运营确定一个方向，进而为内容发布指明方向。那么，如何进行快手号的定位呢？笔者认为大家可以从四个方面进行思考，这一节就来分别进行解读。

2.1.1 根据自身的专长做定位

对于拥有自身专长的人群来说，根据自身专长做定位是一种最直接和有效的定位方法。快手账号运营者只需对自己或团队成员进行分析，然后选择某个或某几个专长，进行账号定位即可。

例如，胡 66 原本就是一位拥有动人嗓音的歌手，所以，她将自己的账号定位为音乐作品分享类账号，并命名为“胡 66 爱唱歌”。她通过该账号重点分享了自己的原创歌曲和当下的一些热门歌曲，如图 2-1 所示。

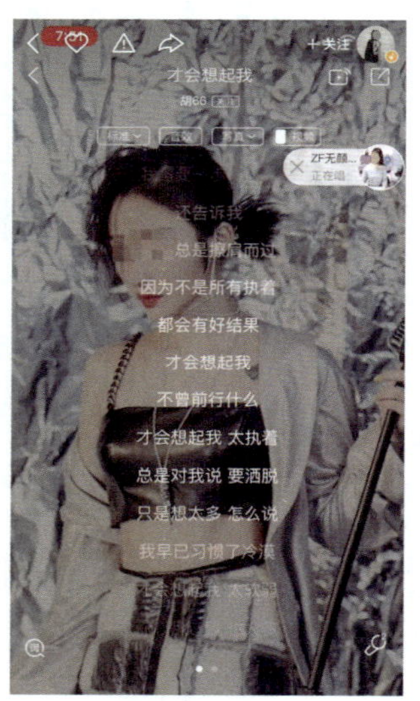

图 2-1 胡 66 爱唱歌的相关快手短视频

又如，擅长舞蹈的代古拉 K，拥有曼妙的舞姿，因此，她将自己的账号定位为舞蹈作品分享类账号。在这个账号中，代古拉 K 分享了大量的舞蹈类视频，如图 2-2 所示。这些作品也让她快速地积累了大量粉丝。

自身专长包含的范围很广，除了唱歌、跳舞等才艺之外，还包括其他诸多方面，就连游戏玩得出色也是自身的一种专长。

例如，游戏《王者荣耀》的一名叫“张大仙”的主播，便将快手号定位为自己玩该游戏视频分享的账号，并将账号命名为“荣耀张大仙”。如图 2-3 所示为其发布的快手短视频。

图 2-2　代古拉 K 发布的快手短视频

图 2-3　荣耀张大仙发布的快手短视频

由此不难看出，只要快手运营者或其团队成员拥有专长，该专长的相关内容又比较引人关注，那么，将该专长作为账号的定位，便是一种不错的定位方法。

2.1.2 根据用户的需求做定位

通常来说，用户需求的内容更容易受到欢迎。因此，结合用户的需求和自身专长进行定位也是一种不错的定位方法。

大多数女性都有化妆的习惯，但又觉得自己的化妆水平还不太高。因此，这些女性通常都会对美妆类内容比较关注。在这种情况下，快手运营者如果对美妆内容比较擅长，那么，将账号定位为美妆号显然就比较合适。

例如，有一名为“认真少女 _ 颜九”就是入驻微博等平台的美妆博主，再加上许多快手用户对美妆类内容比较感兴趣。因此，她入驻快手之后，便将账号定位为美妆类账号，并持续为快手用户分享美妆类内容。如图 2-4 所示为认真少女 _ 颜九发布的相关快手短视频。

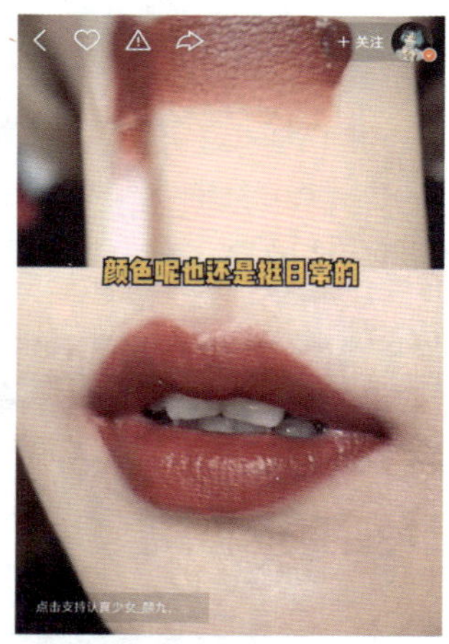

图 2-4 认真少女 _ 颜九发布的相关快手短视频

除了美妆之外，快手用户普遍需求的内容还有很多。美食制作便属于其中之一。许多快手用户，特别是比较喜欢做菜的快手用户，通常都会从快手中寻找一些新菜色的制作方法。因此，如果快手运营者自身就是厨师，或者会做的菜色比较多，又特别喜欢制作美食，那么，将账号定位为美食制作分享账号就是一种很好的定位方法。

快手号“贫穷料理”就是一个定位为美食制作分享的账号。该账号通过视频将一道道菜色从选材到制作的过程进行全面呈现，如图 2-5 所示。因为该视频分享的账号将制作过程进行了比较详细的展示，再加上许多菜色都是快手用户想要亲自制作的，所以，其发布的视频内容很容易就获得了大量的播放和点赞。

图 2-5 贫穷料理发布的相关快手短视频

2.1.3 根据内容稀缺度做定位

快手运营者可以从快手平台相对稀缺的内容出发，进行账号定位。例如，快手号“疯狂的小杨哥”就是定位为整蛊网瘾弟弟的一个账号，如图 2-6 所示为该账号发布的相关短视频。

图 2-6 疯狂的小杨哥发布的相关快手短视频

像这种专门做整蛊网瘾少年内容的快手号本身就比较少，因此，其内容就具有了一定的稀缺性。再加上随着网络，特别是移动网络的迅速普及，越来越多青少年开始有了网瘾。所以，许多人看到这一类视频之后，就会觉得特别贴合现实。

除了平台上本来就稀缺之外，快手运营者还可以通过自身的内容展示形式，让自己的账号内容，甚至是账号，具有一定的稀缺性。其中比较具有代表性的是“雪茸堂”和“哈尔的移动城堡 /”。

“雪茸堂”是定位为一个以分享美食制作为主的快手号。但与其他美食制作类快手号不同的是，这个快手号制作的美食都特别大气。比如，这个账号会分享全羊、全牛的制作方法，如图 2-7 所示。

图 2-7　雪茸堂发布的相关快手短视频

因为这个账号分享的美食制作的食材都是全羊、全牛等比较大件的食材，这些食材的成本相对来说比较高，所以，快手中很少会有类似的美食制作视频。这样一来，雪茸堂的视频自然就有了稀缺性，再加上许多人都有猎奇心理，因此，该账号想不受关注都难了。

快手号“哈尔的移动城堡 /”是定位为一个分享狗狗日常生活的账号，在这个账号中经常发布以两条狗狗为主角的视频。如果只是分享狗狗的日常生活，那么，只要养了狗的快手运营者都可以做，而“哈尔的移动城堡 /”的独特之处就在于它结合狗狗的表现进行了一些特别的处理。

具体来说，当视频中狗狗张嘴叫出声时，该账号的运营者会同步配上一些字幕，如图 2-8 所示。这样一来，狗狗要表达的就是字幕打出来的内容。而结合字幕和狗狗在视频中的表现，就会让人觉得狗狗们有些凋皮可爱。

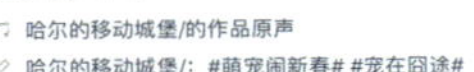

图 2-8　哈尔的移动城堡 / 发布的抖音视频

快手上宠物类视频不少，但是，像这种显得有些调皮、可爱的狗狗却是比较少的。因此，这个定位为通过字幕分享狗狗日常生活的账号，很容易就获取了许多人的持续关注。

2.1.4　根据品牌的特色做定位

相信大家一看这一小节的标题就明白，这是一个快手企业号的定位方法。许多企业和品牌在长期发展的过程中可能已经形成了自身的特色，此时，如果根据这些特色进行定位，通常比较容易获得快手用户的认同。

根据品牌特色做定位又可以细分为两种方法：一是以能够代表企业的物象做账号定位；二是以企业或品牌的业务范围做账号定位。

三只松鼠就是一个以能够代表企业的物象做账号定位的快手号。在这个快手号中经常会分享一些视频，而视频中则会将三只松鼠的卡通形象作为主角打造内容，如图 2-9 所示。

熟悉三只松鼠这个品牌的人群，都知道这个品牌的卡通形象和 LOGO 就是视频中的这三只松鼠。因此，三只松鼠的视频便具有了自身的品牌特色，而且这种通过卡通形象进行的表达还更容易被人记住。

猫眼电影则是一个以企业或品牌的业务范围做账号定位的代表。一看“猫眼电影”这个名字就知道，其主要从事与电影相关的业务。因此，该账号定位为电影信息分享账号。如图 2-10 所示为该账号发布的相关快手短视频。

图 2-9 三只松鼠发布的抖音视频

图 2-10 猫眼电影发布的抖音视频

2.2 抖音号的五维定位法

在抖音账号的运营过程中，必须做好账号定位。账号定位，简单的理解就是确定账号的运营方向，具体可细分为行业定位、内容定位、产品定位、用户定位和人设定位五个部分。可以说，只要账号定位准确，抖音运营者就能把握住账号的发展方向。

2.2.1 行业定位

行业定位就是确定账号分享的行业和领域。通常来说，抖音运营者在做行业定位时，只需选择自己擅长的领域即可。当然，有时候某个行业包含的内容比较广泛，且抖音上做该行业内容的抖音号已经比较多了。此时，抖音运营者便可以通过对行业进行细分，侧重从某个细分领域打造账号内容。

比如，化妆行业包含的内容比较多，这个时候我们就可以通过领域细分从某方面进行重点突破。这方面比较具有代表性的当属李佳琦了，这位号称“口红一哥”的美妆博主便是通过分享口红相关的内容，吸引对口红感兴趣的人群的持续关注的。

又如，摄影包含的内容比较多，但现在越来越多的人开始直接用手机拍摄视频，而且这其中又有许多人对摄影构图比较感兴趣。因此，抖音号“手机摄影构图大全”针对这一点专门深挖手机摄影构图，以吸引用户持续关注，如图 2-11 所示。

图 2-11　手机摄影构图大全的行业定位

2.2.2 内容定位

抖音内容定位就是确定账号的运营方向，并据此进行内容的生产。通常来说，抖音运营者在做内容定位时，只需结合账号定位确定需要发布的内容即可。例如，抖音号“手机摄影构图大全”的账号定位是做一个手机摄影构图类账号，所以该账号发布的内容即以手机摄影构图视频为主。

抖音运营者确定了账号的运营方向之后，便可以根据该方向进行内容的生产了。当然，在抖音运营过程中，内容生产也是有技巧的。具体来说，抖音运营者在生产内容时，可以运用以下技巧轻松打造吸引用户持续关注的优质内容，如图2-12所示。

- 生产抖音内容的技巧
  - 做自己真正喜欢和感兴趣的领域
  - 做更垂直、更差异的内容，避免同质化内容
  - 多看热门推荐的内容，多思考总结他们的亮点
  - 尽量做原创的内容，最好不要直接搬运

图 2-12　生产抖音内容的技巧

2.2.3　产品定位

大部分抖音运营者之所以要做抖音运营，就是希望能够借此变现，获得一定的收益。而产品销售又是比较重要的一种变现方式，因此，选择合适的变现产品，进行产品的定位就显得尤为重要了。

那么，具体来说如何进行产品定位呢？在笔者看来，根据抖音运营者自身的情况，产品定位可以分为两种：一种是根据自身拥有的产品进行定位，另一种是根据自身业务范围进行定位。

根据自身拥有的产品进行定位很好理解，就是看自己有哪些产品是可以销售的，然后将这些产品作为销售的对象进行营销。

例如，某位抖音运营者自身拥有多种水果，于是其将账号定位为水果销售类账号。他不仅将账号命名为“XX 水果”，而且还通过视频重点对水果进行展示，并为抖音用户提供了水果的购买链接，如图 2-13 所示。

根据自身业务范围进行定位，就是在自身的业务范围内发布视频内容，然后，根据内容插入对应的商品链接。这种定位方式比较适合于自身没有产品的抖音运营者，这部分运营者只需根据视频内容添加商品，便可以借助该商品的链接获得佣金收入。

例如，某个以水果拼盘制作的抖音号发布的视频内容主要就是水果拼盘的制作，而该账号的运营者自身又没有可以直接销售的商品，于是，该账号的运营者便在视频中添加了他人店铺中的水果去皮刀和削皮刀来获取佣金收入，如图 2-14 所示。

图 2-13　根据自身拥有的产品进行定位

图 2-14　根据自身业务范围进行定位

2.2.4　用户定位

在抖音号的运营中，如果能够明确用户群体，做好用户定位，并针对主要的用户群体进行营销，那么，抖音号生产的内容将更具有针对性，从而对主要用户

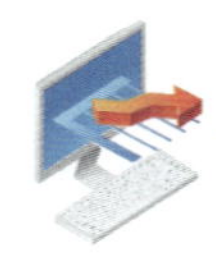

群体产生更强的吸引力。

在做用户定位时，抖音运营者可以从性别、年龄、地域分布和星座分布等方面分析目标用户，了解抖音的用户画像和人气特征，并在此基础上更好地制定有针对性的运营策略进行精准营销。

在了解用户画像的情况时，我们可以适当地借助一些分析软件。例如，我们可以通过如下步骤，在飞瓜数据微信小程序中进行了解。

步骤 01 在微信的"发现"界面中搜索并进入如图 2-15 所示的飞瓜数据小程序首页界面，在首页界面的搜索栏中输入抖音号名字。这里以抖音号"代古拉K"为例进行说明。

步骤 02 操作完成后，进入搜索结果界面。在该界面中选择对应的抖音号，如图 2-16 所示。

图 2-15 飞瓜数据小程序首页

图 2-16 选择对应的抖音号

步骤 03 操作完成后，即可进入如图 2-17 所示的"飞瓜数据 - 播主详情"界面，了解该抖音号的相关内容。

步骤 04 抖音运营者向上滑动页面，即可在"粉丝画像"版块中看到"性别年龄分布"，如图 2-18 所示。

除了"性别年龄分布"之外，还可点击查看"地域分布"和"星座分布"的相关情况，具体如图 2-19、图 2-20 所示。

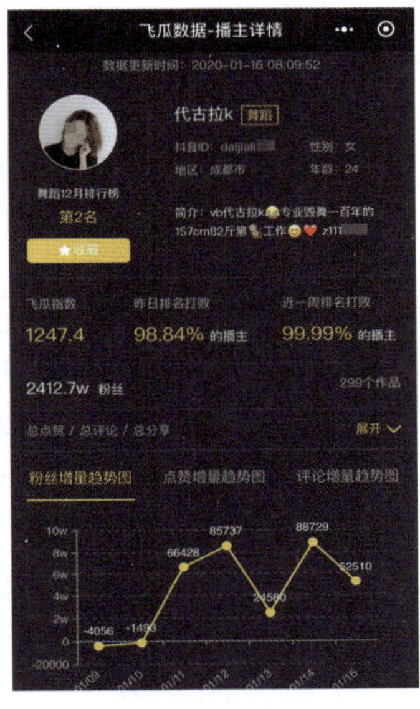

图 2-17　飞瓜数据小程序首页

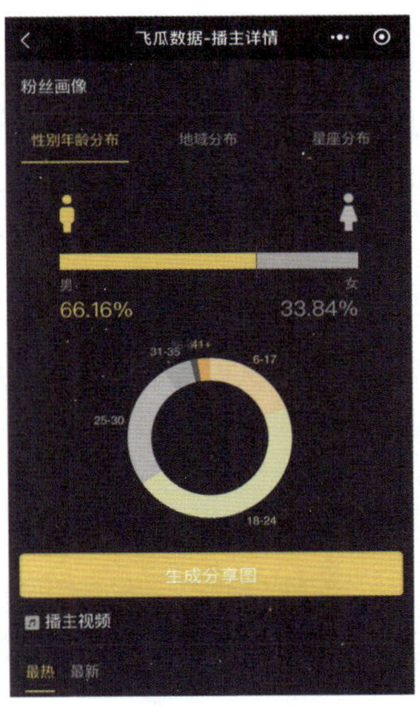

图 2-18　性别年龄分布情况

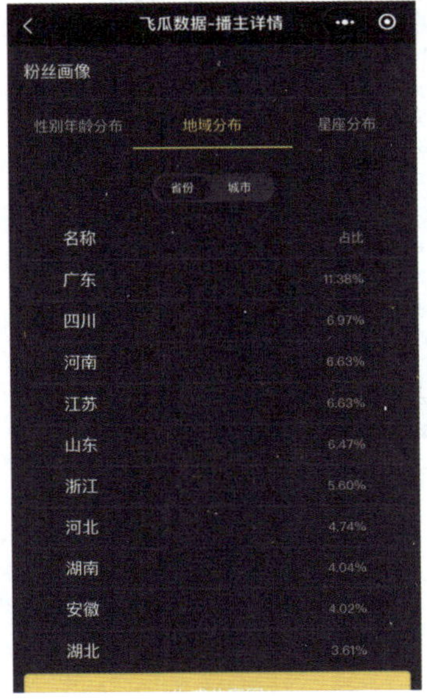

图 2-19　地域分布情况

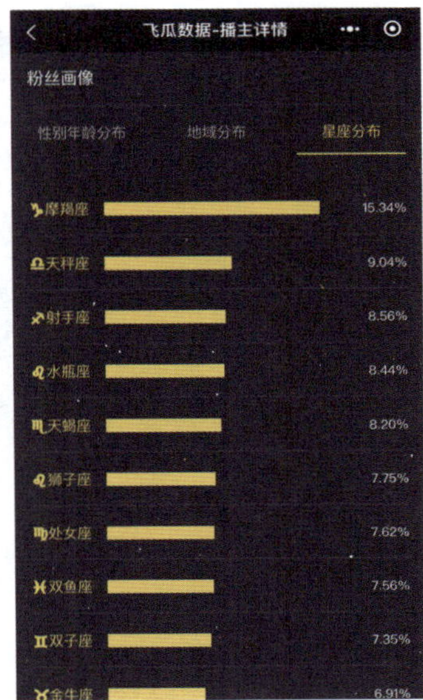

图 2-20　星座分布情况

2.2.5　人设定位

人设，是人物设定的简称。所谓人物设定，就是抖音运营者通过视频打造的人物形象和个性特征。通常来说，成功的人设能在抖音用户心中留下深刻的印象，让抖音用户能够通过某个或者某几个标签，快速地关注该抖音号。

例如，说到“反串”“一人分饰两角”这两个标签，大多数抖音用户可能首先想到的就是“多余和毛毛姐”这个抖音号。这主要是因为这个抖音号中基本上都会出现一个披着红色长发的女性形象，而这位女性又是由一个男性扮演的，也就是说这个人物是反串的。

除此之外，在多余和毛毛姐发布的抖音视频中，有时候还会出现一个男性形象。而这位男性就是披着红色长发的女性形象的扮演者。也就是说，这位男性直接一人分饰了两角，如图 2-21 所示。再加上多余和毛毛姐发布的抖音视频内容很贴合生活，而且其中人物的表达又比较幽默搞笑，因此，该账号发布的内容通常会快速吸引大量的抖音用户。

图 2-21　多余和毛毛姐发布的抖音视频

人物设定的关键就在于为视频中的人物贴上标签。那么，如何才能快速地为视频中的人物贴上标签呢？其中一种比较有效的方式就是发布相关视频，呈现人物符合标签特征的一面。

例如，浪胃仙为了凸显自身“大胃王”这个标签，经常会发布一些去各个店铺中吃东西的抖音视频。而且视频中的她明明已经吃了很多，看上去却像是还没有吃饱似的，如图 2-22 所示。看到这种视频之后，许多抖音用户会不禁地惊呼：不愧是大胃王！而这样一来，浪胃仙的人物标签便树立起来了。

219.3w
6.8w
我去隔壁吃完再来
9387
@浪胃仙 · 1周前
#万物皆可涮火锅 来跟我左边一起吃米饭，再在右边吃面条。@抖音小助手 @抖音美食
@浪胃仙创作的原声
有爱评论，说点儿好听的~

219.3w
6.8w
我去旁边吃完再来
9387
@浪胃仙 · 1周前
#万物皆可涮火锅 来跟我左边一起吃米饭，再在右边吃面条。@抖音小助手 @抖音美食
@浪胃仙创作的原声

图 2-22　树立人物标签

第3章

信息设置，为你的快手、抖音号打上标签

学前提示

快手号和抖音号何其多，那么，如何让你的账号从众多账号中脱颖而出，快速地被快手和抖音用户记住呢？其中一种方法就是通过信息的设置，为账号打上自己的标签。

要点展示

- 快手号的登录和信息设置
- 抖音号的登录和信息设置

3.1 快手号的登录和信息设置

要做快手运营，先得注册一个账号，并对账号的信息进行设置，打上自己的标签。这一节笔者就来对快手号的登录和信息设置的相关内容进行简单的介绍。

3.1.1 登录快手号

与大多数 App 不同的是，快手无须进行相关的注册操作，只需用手机号和相关平台的账号，即可登录快手平台。那么，具体如何登录快手号呢？接下来笔者就对相关操作进行解读。

步骤 01 点击进入快手短视频 App，进入如图 3-1 所示的默认界面。点击界面左上方的“登录”按钮。

步骤 02 操作完成后，进入如图 3-2 所示的账号登录界面。如果用户在此之前已经被授权登录，便可以点击下方的“一键登录”按钮，直接用授权的账号登录快手短视频平台。

图 3-1　快手的默认界面　　图 3-2　账号登录界面

步骤 03 除了用已授权的账号登录之外，用户还可以点击下方的“其他方式登录”按钮，利用如图 3-3 所示的账号登录方式选择界面。在该界面，用户可以选择用手机号、微信号、QQ 号、微博号进行登录。

步骤 04 以 QQ 号登录为例，用户只需点击按钮；并在弹出的对话框中点击“打开”按钮，便可进入如图 3-4 所示的 QQ 号授权登录界面。

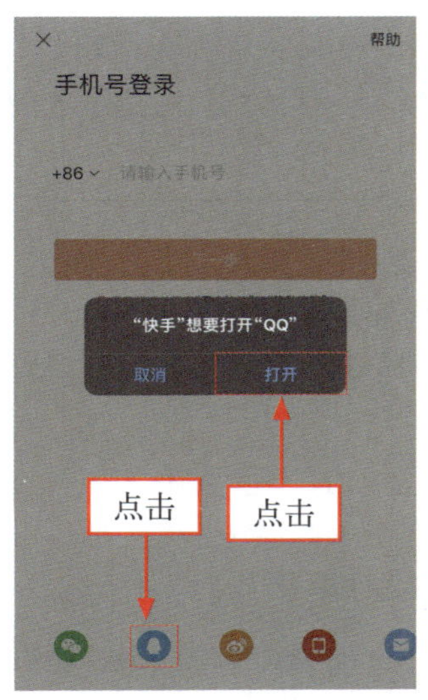

图 3-3　账号登录方式选择界面

图 3-4　QQ 号授权登录界面

步骤 05 用户点击 QQ 号授权登录界面中的"QQ 授权登录"按钮，即可进入如图 3-5 所示的授权申请界面。

步骤 06 点击授权申请界面中的"完成 QQ 授权"按钮。操作完成后，返回快手短视频平台，如果界面左上方的"登录"按钮变成了 ☰ 按钮，便说明登录成功了，如图 3-6 所示。

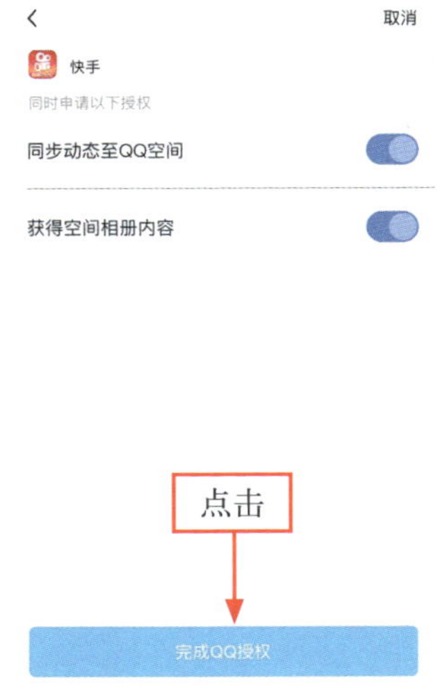

图 3-5　授权申请界面

图 3-6　成功登录快手平台

第 3 章　信息设置，为你的快手、抖音号打上标签

3.1.2 头像的设置

头像是快手号的门面，许多快手用户看一个快手号时，首先注意的就是账号的头像。因此，头像的设置就显得尤为关键了。

通常来说，运营者可以根据所要达到的目的设置快手号的头像。如果快手运营者的运营重点是打造自身形象，可以将个人形象照设置为快手头像；如果快手运营者是以销售产品为主，可以将产品图片设置为快手头像。

那么，在快手短视频平台如何进行头像的设置呢？下面笔者就对具体的操作步骤进行说明。

步骤 01 登录快手短视频平台，点击界面左上方的☰按钮；在弹出的菜单栏中，点击左侧的头像，如图 3-7 所示。

步骤 02 操作完成后，进入如图 3-8 所示的快手主页界面。

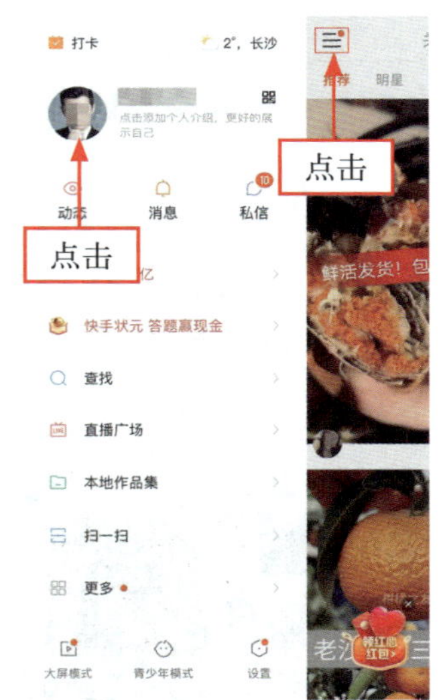

图 3-7 点击菜单栏左侧的头像

图 3-8 快手主页界面

步骤 03 如果用户点击快手主页界面中的头像或“完善资料”按钮，便可进入如图 3-9 所示的“编辑个人资料”界面。

步骤 04 点击“编辑个人资料”界面中的“头像”一栏，即可进入如图 3-10 所示的“个人头像”界面。

步骤 05 点击“个人头像”界面中的“更换头像”按钮，弹出如图 3-11 所示的对话框。

步骤 06 在对话框中选择图片获取方式。以从相册获取为例，用户只需点击“从相册选取”按钮，便可进入如图 3-12 所示的“所有照片”界面。

图 3-9 “编辑个人资料”界面

图 3-10 “个人头像”界面

图 3-11 弹出照片获取对话框

图 3-12 “所有照片”界面

步骤 07 在“所有照片”界面中点击需要设置为头像的图片。操作完成后，进入如图 3-13 所示的“预览”界面。

步骤 08 点击“预览”界面中的✓按钮。操作完成后，返回“个人头像”界面，如果页面中弹出“上传成功”的提示，就说明头像设置成功了，具体如图 3-14 所示。

图 3-13 “预览”界面

图 3-14 头像上传成功

3.1.3 昵称的设置

和头像相同，快手号的昵称也可以在“编辑个人资料”界面中设置。点击该界面中的“昵称”一栏，便可进入如图 3-15 所示的“设置昵称”界面。在该界面输入需要设置的昵称；点击上方的“完成”按钮。如果返回快手号主页，且昵称变成了刚刚输入的内容，便说明昵称设置成功了，如图 3-16 所示。

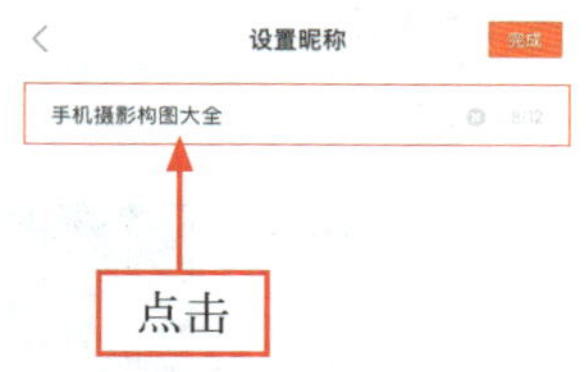

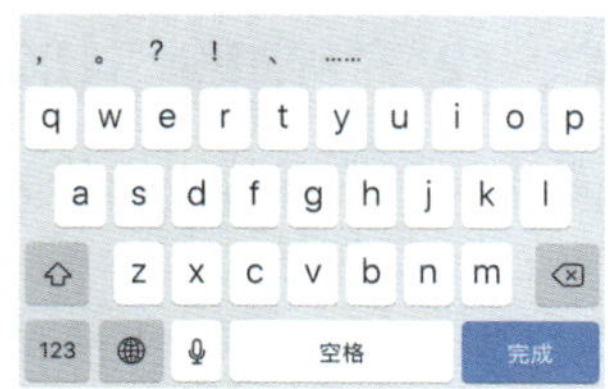

图 3-15 “设置昵称”界面

图 3-16 昵称设置成功

在设置快手号昵称时，需要特别注意如下两点。

(1) 账号设置对字数有限制，最多不能超过 12 个字。

(2) 可以将账号的业务范围等重要信息设置为账号昵称，这样，快手用户一看就知道你是做什么的。如果对你的业务有需求，快手用户便会直接关注你的账号。

3.1.4 快手号的设置

快手运营者可以在“编辑个人资料”界面将用户 ID 设置为快手号，具体操作如下所示。

步骤 01 点击“编辑个人资料”界面中的用户 ID 一栏，如图 3-17 所示。

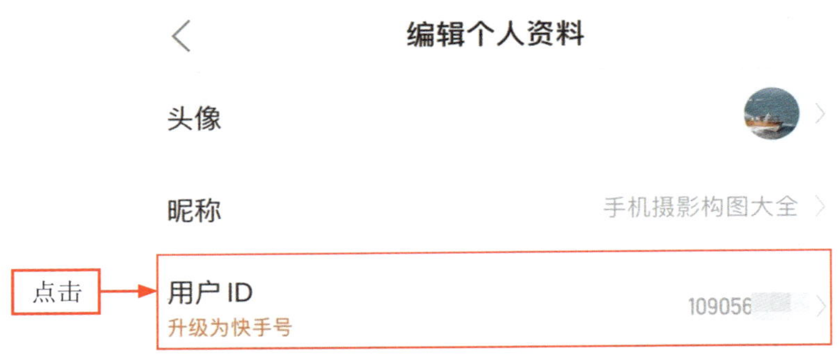

图 3-17 点击“用户 ID”一栏

步骤 02 进入如图 3-18 所示的“设置快手号”界面，在界面中输入需要设置的快手号 (注意：快手号应为 8 ~ 20 个字母、数字和符号，且需以字母开头)；点击右上方的“完成”按钮。

步骤 03 弹出修改确认对话框，点击对话框中的“确定”按钮，返回“编辑个人资料”界面。如果原来用户 ID 所在的位置变成了“快手号”一栏，且界面中弹出“快手号设置成功”对话框，便说明快手号设置成功了，如图 3-19 所示。

快手号设置完成后，运营者还可对快手号的水印进行设置。具体来说，快手号运营者可以点击“快手号设置成功”对话框中的“设置水印”按钮，便可进入如图 3-20 所示的“水印”界面。

如果快手号运营者向右滑动“显示水印”一栏后方的 按钮，该按钮便会变成 。与此同时，界面中还将呈现水印的显示效果，如图 3-21 所示。

另外，此时快手号运营者发布的视频如果在其他平台进行展示，将会显示快手号的水印。也就是说，如果有快手用户将你发布的视频分享至其他平台，视频就会通过水印对你的快手号进行有效的宣传。

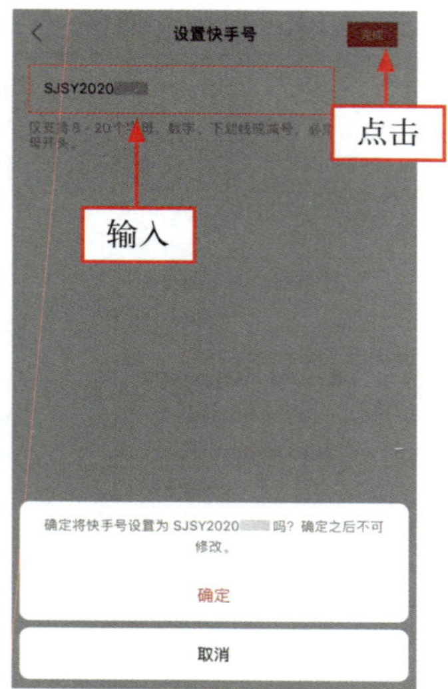

图 3-18 “设置快手号”界面

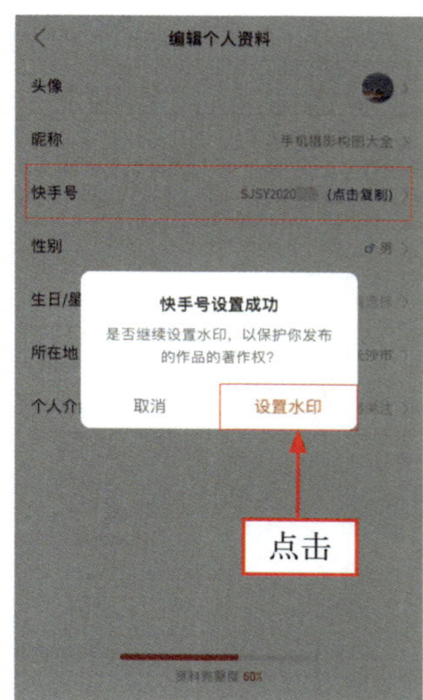

图 3-19 快手号设置成功

图 3-20 “水印”界面

图 3-21 呈现水印显示效果

3.1.5 个人资料的填写

除了头像、昵称和快手号的设置之外，快手号运营者还可在“编辑个人资料”界面中填写性别、生日 / 星座、所在地和个人介绍等个人资料。这些资料填写完之后，将在快手昵称下方进行显示。

性别、生日 / 星座和所在地，快手运营者只需根据自身的实际情况进行填写即可。而个人介绍则可以填写自身业务、产品购买、订单查询和联系方式等重点内容。具体可参考如图 3-22 所示的两个个人介绍案例。

图 3-22 快手个人介绍案例

3.1.6 封面图片的设置

与头像、昵称和快手号等内容不同，快手封面图片只需点击快手号主页上方的封面，便会弹出如图 3-23 所示的封面图片选择对话框。点击对话框中的“从相册选取”按钮，便可在如图 3-24 所示的“所有照片”界面中选择需要设置的封面图。

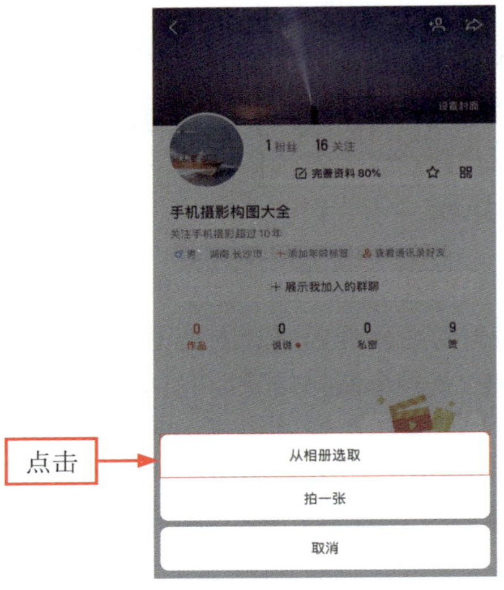

图 3-23 弹出封面图片选择对话框

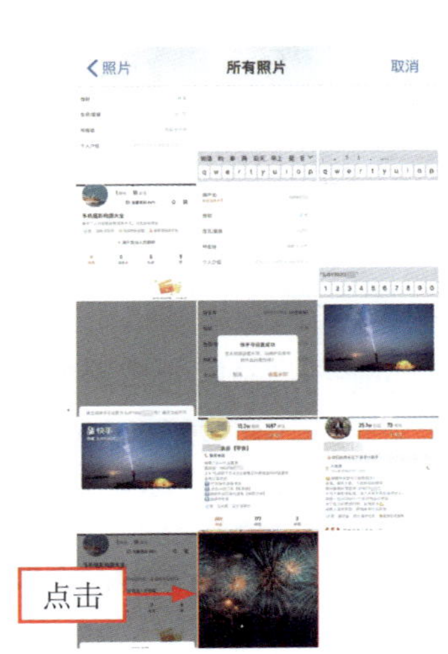

图 3-24 “所有照片”界面

操作完成后，进入如图 3-25 所示的“照片预览”界面。点击界面中的✓按钮，即可返回快手号主页界面。如果封面图片变成了刚刚选择的图片，说明封面图片设置成功了，如图 3-26 所示。

图 3-25 “照片预览”界面

图 3-26 封面图片设置成功

3.2 抖音号的登录和信息设置

抖音的运营细节和运营技巧是一样的逻辑，两者思维点是相同的，试想一下，用户在刷抖音的时候，通常是利用碎片化的时间快速浏览，当他浏览到一个页面的时候为什么会停下来？

他停下来的最根本的原因是被表面的东西吸引了，并不是具体的内容，内容是用户点进去之后才能看到的。那么，表面的东西是什么？包括你的整体数据和封面图，以及账号对外展示的东西，如名字、头像和简介等。

3.2.1 账号登录

抖音无须进行复杂的账号注册操作，我们只需用手机号或微信等账号直接登录即可。具体来说，可以通过如下操作登录抖音短视频平台。

步骤 01 进入抖音短视频 App 之后，点击“推荐”界面中的“我”按钮，如图 3-27 所示。

步骤 02 操作完成后，进入如图 3-28 所示的账号登录界面。我们可以点击“本机号码一键登录”按钮，用手机号登录抖音。除了手机号码登录之外，还可以通过其他方式登录抖音号。

图 3-27 点击“我”按钮

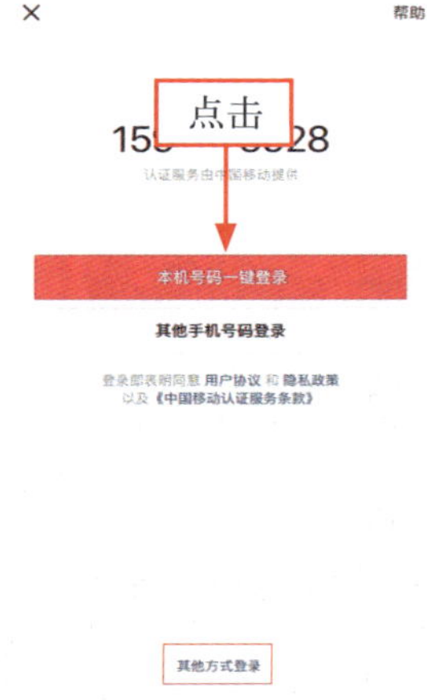

图 3-28 账号登录界面

步骤 03 如果点击“其他方式登录”按钮，便会弹出其他账号登录抖音号选项，如图 3-29 所示。例如，点击 按钮，便可进入如图 3-30 所示的微信登录确认界面。只需点击界面中的“同意”按钮，便可用该微信号登录抖音。

图 3-29 弹出其他账号登录选项

图 3-30 微信登录确认界面

3.2.2 账号名字

抖音的昵称（即抖音账号名称）需要有特点，而且最好和定位相关，抖音修改昵称也非常方便，具体操作步骤如下所述。

步骤01 登录抖音短视频 App，进入“我”界面，点击界面中的“编辑资料”按钮，如图 3-31 所示。

步骤02 进入“编辑个人资料”界面，选择“名字”选项，如图 3-32 所示。

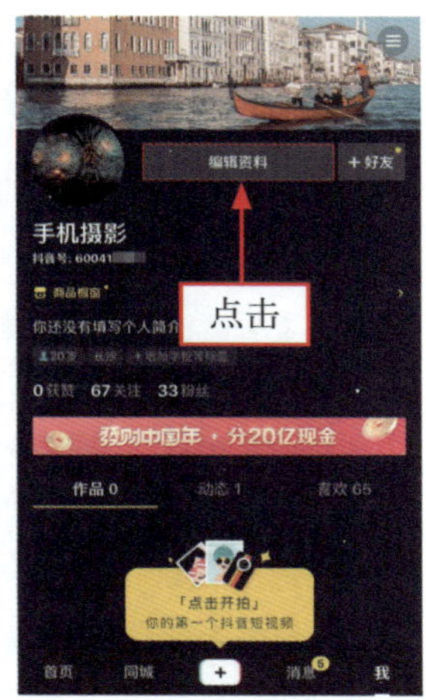

图 3-31　点击“编辑资料”按钮

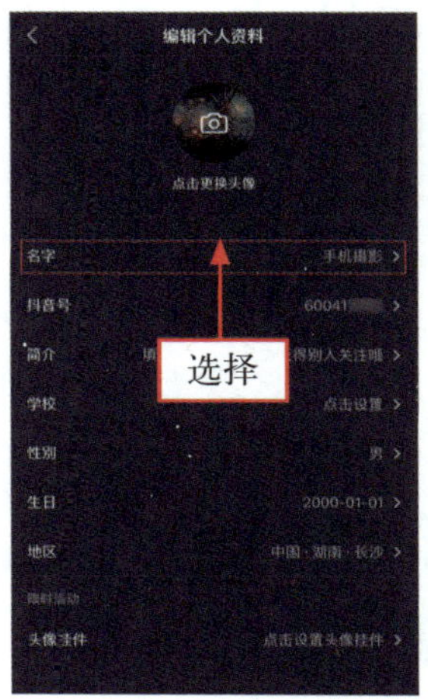

图 3-32　选择“名字”选项

步骤03 进入“修改名字”界面，在“我的名字”文本框中输入新的昵称；点击“保存”按钮进行保存，如图 3-33 所示。

步骤04 操作完成后，返回“我”界面，可以看到此时账号名字已经修改，如图 3-34 所示。

图 3-33　“修改名字”界面

图 3-34　完成昵称的修改

在设置抖音名字时有两个基本技巧，具体如下所述。

(1) 名字不能太长，太长的话用户不容易记忆，通常 3~5 个字即可。

(2) 最好能体现人设感，即看见名字就能联系到人设。人设是指人物设定，包括姓名、年龄、身高等人物的基本设定，以及企业、职位和成就等背景设定。

3.2.3 账号头像

抖音账号的头像也需要有特点，必须展现自己最美的一面，或者展现企业的良好形象。抖音账号的头像设置主要有两种方式，具体如下所述。

1. “我”界面修改

在抖音“我”界面中，用户可以通过如下步骤修改头像。

步骤01 进入抖音短视频 App 的“我”界面，点击界面中的抖音头像，如图 3-35 所示。

步骤02 进入如图 3-36 所示的头像展示界面，点击下方的“更换”按钮。

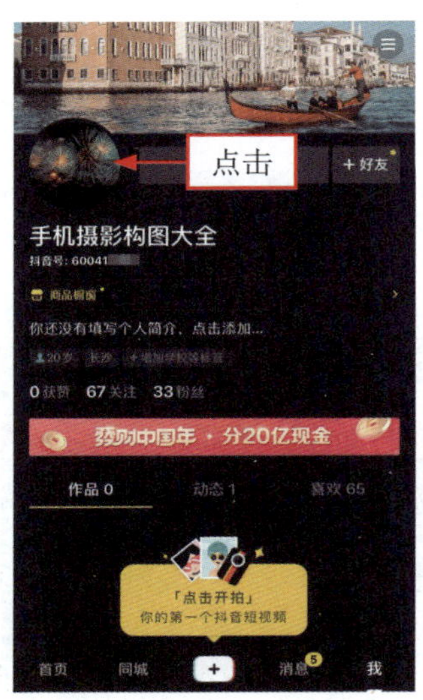

图 3-35 点击抖音头像

图 3-36 点击“更换”按钮

步骤03 操作完成后，弹出如图 3-37 所示的头像修改方式对话框，用户可以通过“拍一张”或“相册选择”的方式进行头像修改。这里笔者以“相册选择”为例进行说明。

步骤04 选择“相册选择”选项之后，从相册中选择需要作为头像的图片，如图 3-38 所示。

图 3-37　选择“相册选择”选项

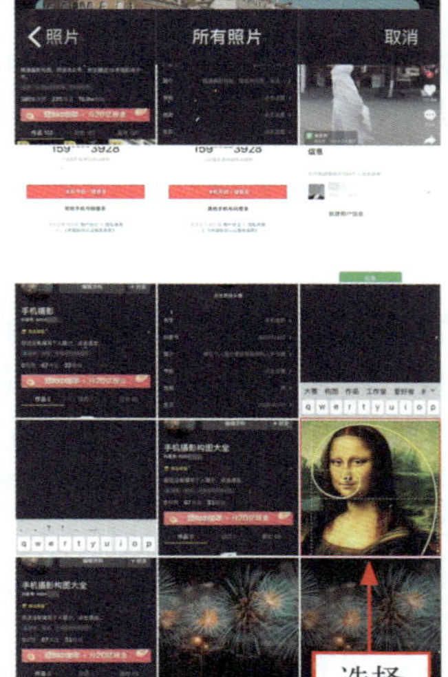

图 3-38　选择需要作为头像的图片

步骤 05 进入图片裁剪页面，对图片进行裁剪之后，点击下方的“确定”按钮，如图 3-39 所示。

步骤 06 操作完成后，返回“我”界面，可以看到头像修改完成了，如图 3-40 所示。

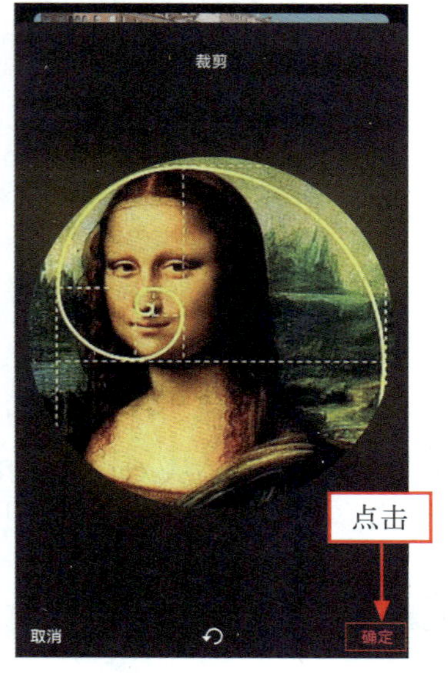

图 3-39　点击“确定”按钮

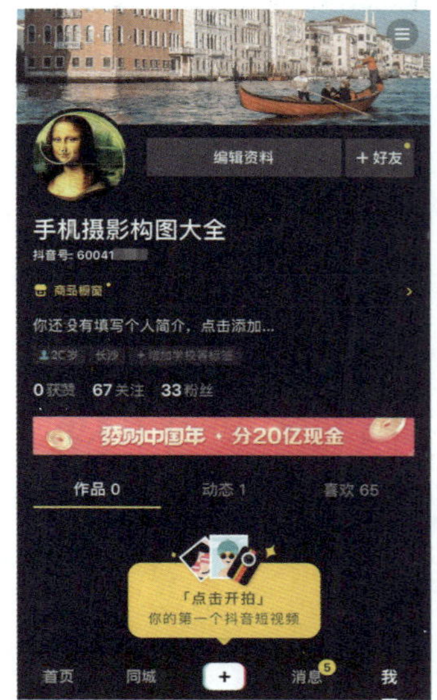

图 3-40　完成头像修改

2. “编辑个人资料”界面修改

在“编辑个人资料”界面中，用户只需点击头像，便可在弹出的对话框中选择合适的方式修改头像，如图 3-41 所示。

如选择“相册选择”选项之后，只需按照在“我”界面修改的步骤 01 至步骤 05 操作，便可完成头像的修改。

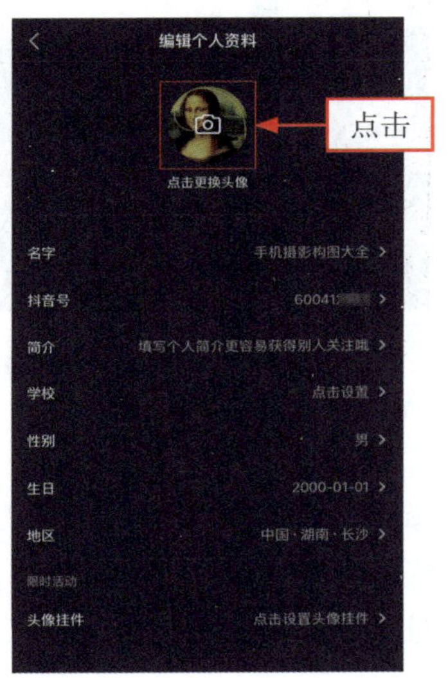

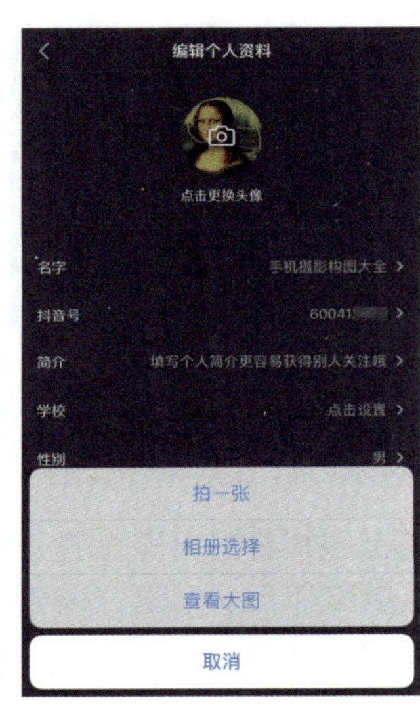

图 3-41 在“编辑个人资料”界面修改头像

在设置抖音头像时有两个基本的技巧，具体如下所述。

(1) 头像一定要清晰。

(2) 个人人设账号一般应使用主播肖像作为头像。

(3) 团体人设账号可以使用代表人物的形象作为头像，或者使用公司名称、LOGO 等标志。

3.2.4 账号简介

抖音的账号简介通常应简单明了，一句话解释清楚，主要原则是“描述账号 + 引导关注”，基本设置技巧如下所述。

(1) 前半句描述账号特点或功能，后半句引导关注，一定要明确出现关键词“关注”，如图 3-42 所示。

(2) 账号简介可以用多行文字，但一定要在多行文字的视觉中心出现“关注”两个字。

(3) 用户可以在简介中巧妙地推荐其他账号，但不建议直接引导加微信等，如图 3–43 所示。

图 3–42　在简介中引导关注

图 3–43　巧妙推荐其他账号

3.2.5　账号头图

账号头图就是抖音主页界面最上方的图片。部分抖音运营者认为头图设置不设置无所谓。其实不然。如图 3–44 所示就是一个没有设置头图的抖音号主页。看到这张图片之后你有什么感觉呢？笔者的感觉是，这个主页好像缺少什么东西，而且运营者连头图也不设置，好像没怎么用心运营。

图 3–44　只有抖音默认头图的抖音号

其实，即便是随意换一张图片，感觉也会比直接用抖音号的默认图片好得多。不仅如此，头图本身也是一个很好的宣传场所。

例如，我们可以设置带有引导关注类文字的头图，增强账号的吸粉能力，如图 3-45 所示。

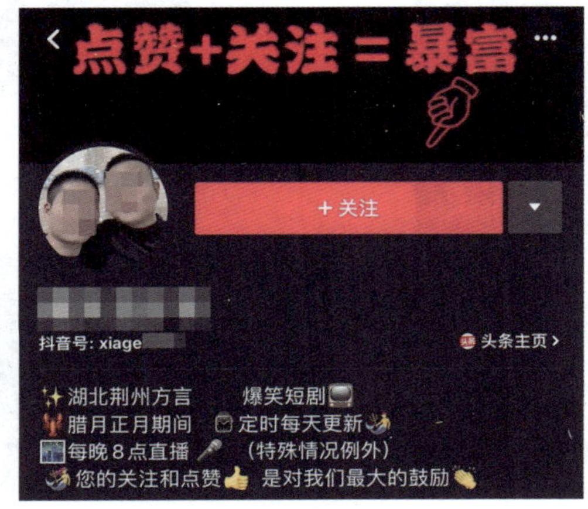

图 3-45 通过头图引导关注

另外，抖音运营者还可以在头图中展示自身的业务范围，让抖音用户一看就知道你是做什么的。这样当抖音用户有相关需求时，便会将你作为重要的选择项。如图 3-46 所示的抖音号便是利用头图吸引客户。

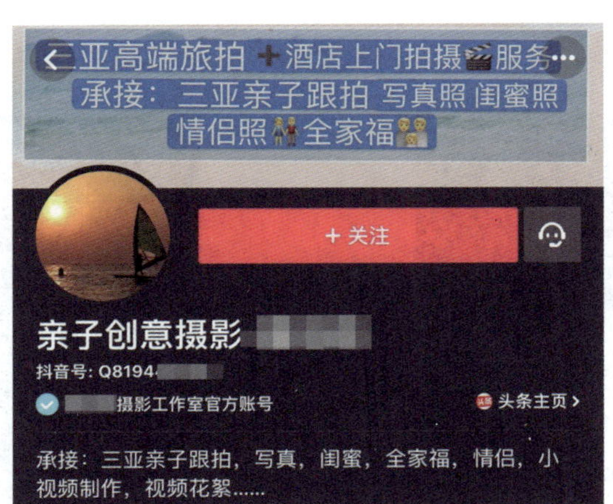

图 3-46 利用头图吸引客户

那么，如何更换抖音头图呢？下面就来简单介绍具体的操作步骤。

步骤 01 进入抖音短视频 App 的“我”界面，点击界面上方头图所在的位置，如图 3-47 所示。

步骤 02 进入如图 3-48 所示的头图展示界面，点击界面下方的“更换”按钮。

图 3-47　点击头图所在的位置

图 3-48　点击“更换”按钮

步骤 03　操作完成后，弹出如图 3-49 所示的头图修改方式对话框，大家可以通过“拍摄”或“相册选择”“从默认图库选择”的方式进行头图的修改。这里笔者以“相册选择”为例进行说明。

步骤 04　选择“相册选择”选项之后，从相册中选择需要作为头图的图片，如图 3-50 所示。

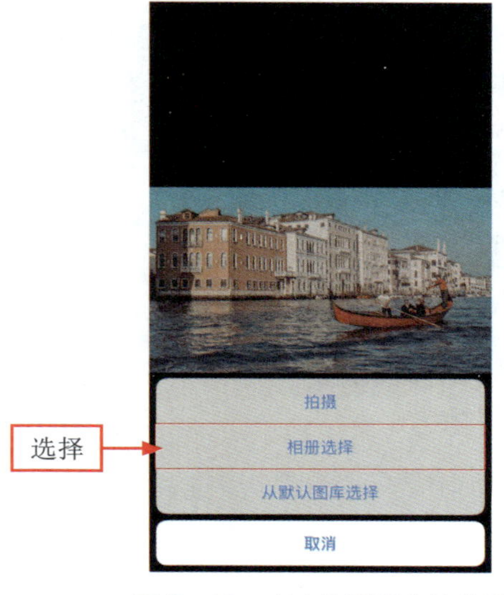

图 3-49　点击头图所在的位置

图 3-50　选择图片

步骤 05 操作完成后，进入如图 3-51 所示的“裁剪”界面，在该界面中可以裁剪和预览头图展示效果。裁剪完成后，点击下方的“确定”按钮。

步骤 06 操作完成后，返回“我”界面，如果头图完成了更换，就说明头图修改成功了，如图 3-52 所示。

图 3-51　“裁剪”界面

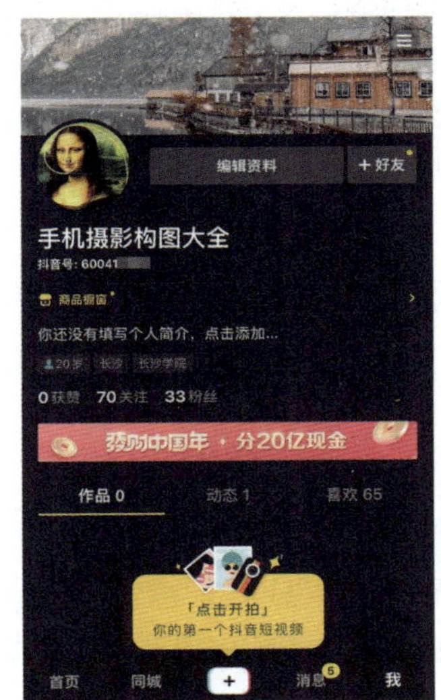

图 3-52　头图修改成功

在头图修改的过程中，如果想要获得更好的展示效果，需要适当地对图片做一些修改。比如，在操作时没有太注重图片的裁剪，所以，最后显示出来的效果会有一些文字被遮挡了，还有一些文字没有显示出来。

3.2.6　账号信息

除了名字、头像、简介和头图之外，抖音账号运营者还可以对学校、性别、生日和地区等账号信息进行设置。这些资料只需进入“编辑个人资料”界面便可以进行修改。

在这四类账号信息中，学校和地区相对来说更重要。学校的设置，特别是与账号定位一致的学校信息的设置，能让抖音用户觉得账号运营者更加专业，从而提高账号内容对抖音用户的吸引力。而地区的设置，则能更好地吸引同城抖音用户的关注，从而提高账号运营者旗下实体店的流量。

以设置学校为例，抖音运营者可以点击“学校”后方的“点击设置”按钮，如图 3-53 所示。操作完成后，便可进入如图 3-54 所示的“添加学校”界面。在该界面中，抖音运营者可以对学校、院系、入学时间、学历和展示范围进行设置。

图 3-53　点击“点击设置”界面

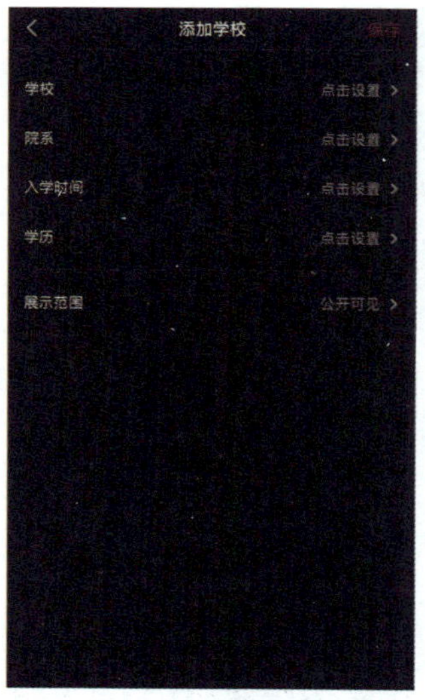

图 3-54　“添加学校”界面

信息设置完成后，点击界面上方的“保存”按钮。操作完成后，弹出学校信息修改提醒对话框，如图 3-55 所示。抖音用户如果点击对话框中的“提交”按钮，将自动返回“编辑个人资料”界面。如果此时学校后方出现了相关的信息，就说明学校信息设置成功了，如图 3-56 所示。

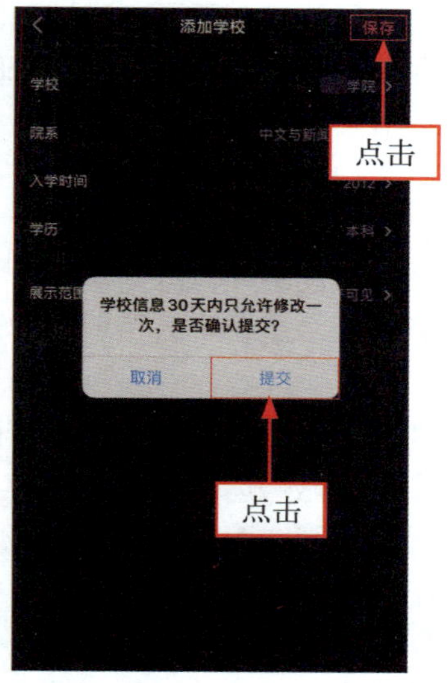

图 3-55　弹出学校信息修改提醒对话框

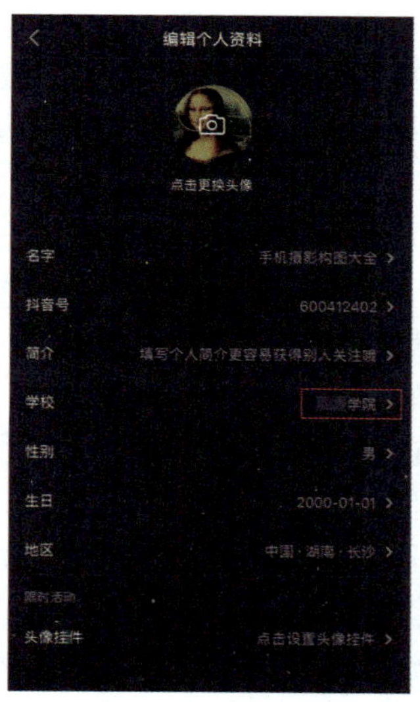

图 3-56　学校信息设置成功

第 4 章

内容发布，快速发布你的快手、抖音视频

学前提示

绝大多数快手和抖音运营者都会通过视频向用户传达信息，因此，运营者有必要了解视频发布的相关内容。这一章笔者就对发布快手、抖音视频的步骤，以及视频发布的注意事项进行具体的解读。

要点展示

- 发布快手视频的步骤
- 发布抖音视频的步骤
- 视频发布的注意事项

4.1 发布快手视频的步骤

许多快手账号运营者主要还是通过快手视频的发布向快手用户传达信息，从这一点来看，快手视频的发布就尤为重要了。那么，如何发布快手视频呢？这一节我们就来看看具体的操作步骤。

4.1.1 拍摄设置

对于直接在快手短视频平台中拍摄视频并发布的快手账号运营者来说，发布快手短视频首先要做的就是通过拍摄设置，为视频拍摄做好准备。具体来说，快手视频的拍摄设置可以分为三类，具体如下。

1. 时间设置

点击快手“发现”界面中的按钮，进入如图 4-1 所示的快手拍摄设置界面，可以看到系统默认的拍摄时间是 11 秒。如果快手运营者需要拍摄更长时间的视频，可以点击下方的“拍 57 秒”按钮，进入如图 4-2 所示的“拍 57 秒”界面。此时，快手运营者便可以拍摄 57 秒之内的快手视频了。

图 4-1　系统默认时间为拍 11 秒

图 4-2　“拍 57 秒”界面

2. 音乐选择

绝大多数快手账号运营者的快手视频中都会添加一些音乐作为视频的背景音乐。那么，如何在快手平台中直接选择背景音乐呢？下面笔者就来介绍具体的步骤。

步骤 01 点击拍摄设置界面中的“音乐”按钮，如图 4-3 所示。

步骤 02 操作完成后，进入如图 4-4 所示的“曲库”界面。快手运营者可以在该界面中直接选择音乐，也可以通过搜索查找需要的音乐。

图 4-3　点击“音乐”按钮

图 4-4　“曲库”界面

步骤 03 例如，搜索“桥边姑娘”，便可以看到相关的音乐。快手运营者可以选择需要的音乐，点击其下方的“使用并开拍”按钮，如图 4-5 所示。

步骤 04 操作完成后，返回拍摄设置界面，如果界面中显示音乐的名称，就说明音乐选择成功了，如图 4-6 所示。

图 4-5　点击“使用并开拍”界面

图 4-6　显示音乐的名称

3. 其他设置

除了时间和音乐之外，快手账号运营者还可以有选择地在拍摄设置界面中进行一些其他的设置。

例如，点击拍摄设置界面中的“变速”按钮，界面中便会弹出变速的相关对话框。在该对话框中，快手账号运营者可以从“极慢”“慢”“标准”“快”和“极快”这几种视频拍摄速度中进行选择，如图 4-7 所示。

点击拍摄设置界面中的“定时停”按钮，界面中会弹出“拖动选择暂停点”对话框，如图 4-8 所示。快手账号运营者可以通过拖动对话框中的视频图添加视频的暂停点。

图 4-7　弹出“变速”对话框

图 4-8　弹出“拖动选择暂停点”对话框

点击拍摄设置界面中的“倒计时”按钮，可以设置倒计时拍摄。所谓倒计时拍摄，就是在开始正式拍摄前进行倒计时，如图 4-9 所示。这种设置比较适合人手有限的快手账号运营者。如果快手账号运营者需要拍摄自己处境的视频，又不方便拿着手机，便可以通过倒计时设置，为自己获得准备时间。

点击拍摄设置界面中的“字幕”按钮，在拍摄设置界面时可以将背景音乐翻译为字幕进行呈现，如图 4-10 所示。

点击拍摄设置界面中的“快闪视频”按钮，可以进入如图 4-11 所示的“快闪视频”界面，在该界面中，快手账号运营者可以选择对应的快闪视频效果。选择完成后，只需点击下方的“使用此模板制作”按钮，便可以直接套用对应的模板快速打造快手短视频。

点击拍摄设置界面中的“魔法”按钮，进入如图 4-12 所示的快手特效界面。

快手账号运营者可以在该界面中选择和使用对应的快手特效，让拍摄出来的视频内容更加具有观赏性。

图 4–9　开始正式拍摄前的倒计时

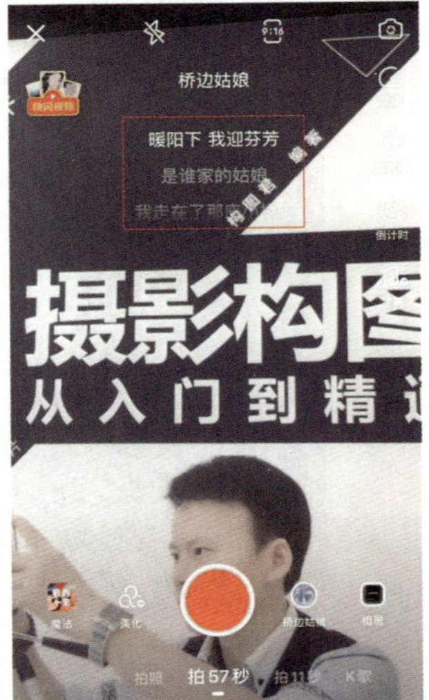

图 4–10　显示与音乐对应的字幕

图 4–11　“快闪视频”界面

图 4–12　选择和使用快手特效

点击拍摄设置界面中的“美化”按钮，会弹出与美化相关的对话框。快手短视频平台的美化主要分为“美颜”“美妆”和“滤镜”三个部分。如图 4–13 所示为“美颜”“美妆”设置的相关界面。其中，“美颜”对话框中可以选择美颜

的级别，而“美妆”对话框中则可以选择对应的妆容效果。

图 4-13　“美颜”“美妆”相关界面

4.1.2　拍摄上传

视频设置完成之后，可以点击界面中的按钮，进入如图 4-14 所示的视频拍摄界面。视频拍摄完成后，界面中会显示“删除”“下一步”按钮，快手账号运营者可以选择要不要将这条短视频发布出去，如图 4-15 所示。

图 4-14　视频拍摄界面

图 4-15　视频拍摄完成界面

除了直接在快手短视频平台中拍摄短视频之外，快手账号运营者还可以将手机中的其他视频直接上传。具体来说，快手账号运营者只需点击拍摄设置界面中的“上传”按钮，便可进入如图 4-16 所示的“最近项目”界面。

快手账号运营者只需在该界面中选择对应的短视频；点击下方的“下一步”按钮，便可进入如图 4-17 所示的视频选择界面。视频选择完成后，界面便会直接跳转至视频后期处理界面。

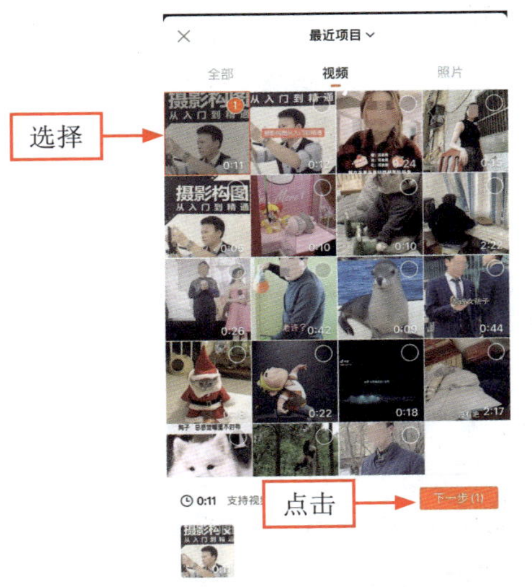

图 4-16 “最近项目”界面

图 4-17 视频选择界面

4.1.3 后期处理

视频拍摄和上传之后，便会进入如图 4-18 所示的视频后期处理界面。在该界面中，快手账号运营者可以有选择地对拍摄和上传的视频进行相关处理。

例如，点击视频后期处理界面中的“剪切”按钮，可以进入如图 4-19 所示的“剪切”界面。在该界面中，快手账号运营者可以选取多余的视频内容，然后点击下方的“删除”按钮，剪切视频的多余部分。

点击视频后期处理界面中的“涂鸦”按钮，可以进入如图 4-20 所示的“涂鸦”界面。在该界面中可以对快手短视频进行涂鸦处理，处理完之后，只需点击下方的✓按钮，便可将涂鸦效果进行运用。

点击视频后期处理界面中的“贴纸”按钮，可以进入如图 4-21 所示的“贴纸”界面。在该界面中，可以选择在视频中添加相关的贴纸效果。

图 4-18　视频后期处理界面

图 4-19　“剪切”界面

图 4-20　“涂鸦”界面

图 4-21　“贴纸”界面

点击视频后期处理界面中的“文字”按钮，可以进入文字处理界面。在快手视频中，文字处理主要包括文字和字幕两种。如图 4-22 所示为在视频中添加文字“手机摄影构图大全”的效果。

点击视频后期处理界面中的“美化”按钮，可以进入美化处理界面。与拍摄设置不同的是，视频处理中“美化”只包含“美颜”和“滤镜”两个部分。如

图 4-23、图 4-24 所示分别为视频“美颜”和“滤镜”界面。

图 4-22　文字处理界面

图 4-23　“美颜”界面

点击视频后期处理界面中的“配乐”按钮，可以进入如图 4-25 所示的配乐处理界面。快手配乐处理可以分为“推荐”“收藏”和“变声”三个部分。“推荐”界面中显示的是快手中的热门音乐；“收藏”界面中显示的是快手账号运营者收藏的音乐；“变声”界面中可以对视频中的原声进行变声处理。

图 4-24　“滤镜”界面

图 4-25　配乐处理界面

点击视频后期处理界面中的“特效”按钮，可以进入特效处理界面。快手后期处理中的特效主要可分为“画面”“分屏”和“时间”三种。如图 4-26 所示为“分屏”特效中两屏的显示效果。

点击视频后期处理界面中的“封面”按钮，可以进入“封面”界面，设置视频的封面效果。例如，可以将重要的文字作为封面内容添加到视频中，效果如图 4-27 所示。

图 4-26　两屏的显示效果

图 4-27　文字封面设置效果

4.1.4　视频发布

在视频后期处理界面，对视频进行相关处理之后，点击界面的“下一步”按钮，便可进入如图 4-28 所示的视频发布界面。

在视频发布界面，快手运营者可以发布与视频及快手账号相关的信息。例如，可以在界面上方的输入栏中输入重要信息，并添加与视频内容相关的话题，如图 4-29 所示。

除此之外，还可点击界面的“所在位置”按钮进行定位；点击“个性化设置”按钮，进入如图 4-30 所示的“个性化设置”界面，对是否允许拍同框、是否允许下载视频、视频是否在同城中进行显示进行设置；在“所有人可见”一栏，选择视频的可见人群。

在“发布”界面对相关信息进行设置后，点击界面下方的“发布”按钮，便可将视频发布至快手短视频平台。视频发布成功之后，如果在“关注”视频中显示视频的封面，便说明视频发布成功了，如图 4-31 所示。

图 4-28 视频发布界面

图 4-29 输入重要信息和话题

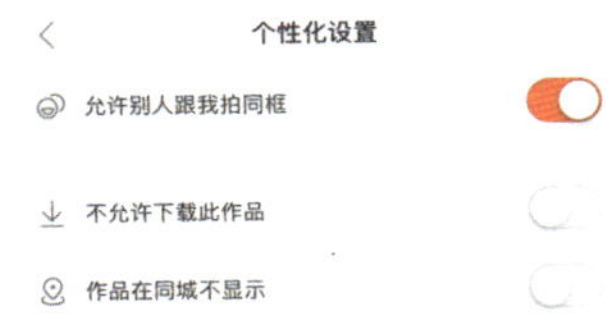

图 4-30 “个性化设置”界面

图 4-31 视频发布成功

与此同时，视频发布成功后，快手账号主页界面中也将出现视频的封面，如图 4-32 所示。快手账号运营者只需点击该视频封面，便可进入如图 4-33 所示的快手短视频播放界面。

该界面中不仅会显示视频画面，向上滑动界面，还会显示快手账号运营者在发布界面中设置的相关信息。

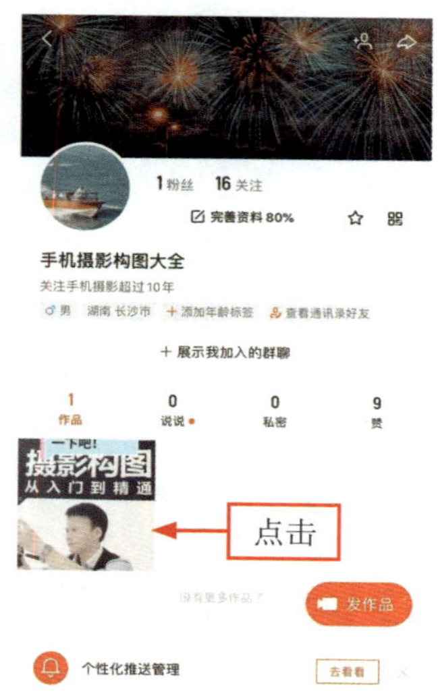

图 4-32　主页界面出现视频封面

图 4-33　视频播放界面

4.2　发布抖音视频的步骤

和快手相同，抖音视频的发布也是需要一些步骤的。这一节笔者就对具体的操作步骤进行简单的解读。

4.2.1　拍摄设置

如果抖音账号运营者需要直接在抖音短视频平台中拍摄视频，那么，为了让拍出来的视频效果更好，有必要对相关的内容进行设置。和快手相同，抖音视频的拍摄设置大致也可以分为时间设置、音乐选择和其他设置这三部分。下面笔者就对具体的设置细节进行说明。

1. 时间设置

登录抖音短视频平台之后，点击推荐界面中的+按钮，便可进入如图 4-34 所示的拍摄设置界面。

可以看到拍摄设置界面中显示的抖音短视频平台系统默认拍摄时间是 15 秒。如果抖音账号运营者需要拍摄更长时间的视频，可以点击下方的“拍 60 秒”按钮，进入如图 4-35 所示的“拍 60 秒”界面。此时，抖音账号运营者便可以拍摄 60 秒之内的抖音短视频了。

图 4-34 拍摄设置界面

图 4-35 “拍 60 秒”界面

2. 音乐选择

很多抖音账号运营者在短视频中都会添加一些音乐作为背景音乐。那么，如何在抖音平台中直接选择背景音乐呢？下面笔者就对具体步骤进行简要的说明。

步骤 01 点击拍摄设置界面中的“选择音乐”按钮，如图 4-36 所示。

步骤 02 进入如图 4-37 所示的“选择音乐”界面。在该界面中，抖音账号运营者可以直接选择音乐，也可以通过搜索查找需要的音乐。

图 4-36 点击“选择音乐”按钮

图 4-37 “选择音乐”界面

步骤 03 例如，搜索“下山”便可以看到相关的音乐。抖音账号运营者可以选择需要的音乐，点击其后方的“使用”按钮，如图 4-38 所示。

步骤 04 操作完成后，返回拍摄设置界面，如果界面中显示音乐的名称，就说明音乐选择成功了，如图 4-39 所示。

图 4-38　点击“使用”按钮

图 4-39　显示音乐的名称

3. 其他设置

除了时间和音乐之外，抖音账号运营者还可以有选择地在拍摄设置界面中进行一些其他的设置。

例如，点击拍摄设置界面中的“快慢速”按钮，界面中便会弹出变速的相关对话框。在该对话框中，抖音账号运营者可以从“极慢”“慢”“标准”“快”和“极快”这几种视频拍摄速度中进行选择，如图 4-40 所示。

点击拍摄设置界面中的“滤镜”按钮，界面中会弹出“滤镜”选择对话框，如图 4-41 所示。在该界面中，抖音账号运营者可以根据对象从“人像”“风景”“美景”和“新锐”这几类滤镜中进行选择，还可对滤镜设置进行管理。

点击拍摄设置界面中的“美化”按钮，界面中会弹出“美颜”选择对话框，如图 4-42 所示。在该界面中可以对“磨皮”“瘦脸”“大眼”“口红”和“腮红”的美颜效果进行设置。

点击拍摄设置界面中的“倒计时”按钮，界面中会弹出“拖动选择暂停位置”对话框。抖音账号运营者可以通过拖动对话框中的视频图添加视频的暂停点，具体如图 4-43 所示。

图 4-40　弹出变速的相关对话框

图 4-41　弹出“滤镜”选择对话框

图 4-42　弹出“美颜”选择对话框

图 4-43　弹出“拖动选择暂停位置”对话框

点击拍摄设置界面中的“剪音乐”按钮，界面中会弹出“左右拖动声谱以剪取音乐”对话框。抖音账号运营者可以通过拖动对话框中的声谱图剪取音乐，具体如图 4-44 所示。

点击拍摄设置界面中的“道具”按钮，界面中会弹出“抖音特效”选择对话框。抖音账号运营者可以通过该对话框，选择特效，并查看特效的显示效果，如图 4-45 所示。

图 4-44　弹出“左右拖动声谱以剪取音乐”对话框

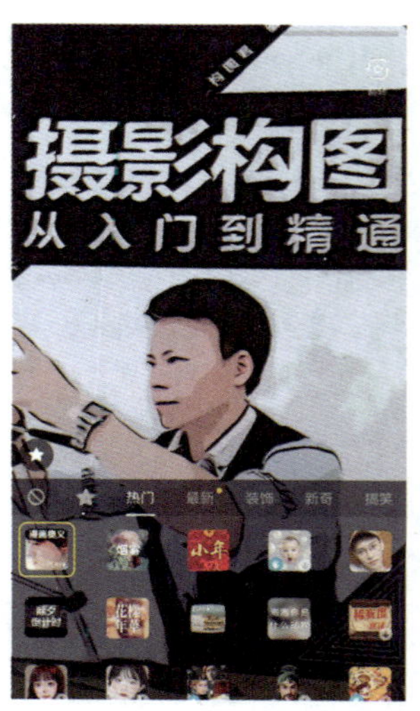

图 4-45　弹出“抖音特效”选择对话框

4.2.2　拍摄上传

视频设置完成之后，可以点击界面中的按钮，进入如图 4-46 所示的视频拍摄界面。视频拍摄完成后，界面中会出现按钮，抖音账号运营者可以选择要或不要将这条短视频发布，如图 4-47 所示。

图 4-46　视频拍摄界面

图 4-47　视频拍摄完成界面

除了直接在抖音短视频平台中拍摄短视频之外，抖音账号运营者还可以将手机中的其他视频直接上传。具体来说，抖音账号运营者只需点击拍摄设置界面中的“上传”按钮，便可进入如图 4-48 所示的“所有照片”界面。

抖音账号运营者只需在该界面中选择对应的短视频，便可进入如图 4-49 所示的视频选取界面。视频选择完成后，点击“下一步”按钮，界面便会直接跳转至视频后期处理界面。

图 4-48 “所有照片”界面

图 4-49 视频选取界面

4.2.3 后期处理

视频拍摄和上传之后，便会进入如图 4-50 所示的视频后期处理界面。在该界面中，抖音账号运营者可以有选择地对拍摄和上传的视频进行相关处理。

例如，点击视频后期处理界面中的“选配乐”按钮，即可进入配乐处理界面。在该界面中，抖音账号运营者可以对“配乐”和“音量”进行处理。如图 4-51 所示为“音量”处理界面。

点击视频后期处理界面中的“特效”按钮，可以进入如图 4-52 所示的特效选择界面。在该界面中，抖音账号运营者可以从“梦幻”“自然”“动感”“转场”等特效类别中进行选择。

点击视频后期处理界面中的“文字”按钮，可以进入如图 4-53 所示的文字处理界面。在该界面中，抖音账号运营者可以设置文字贴纸效果。

图 4-50　视频后期处理界面

图 4-51　“音量”处理界面

图 4-52　特效选择界面

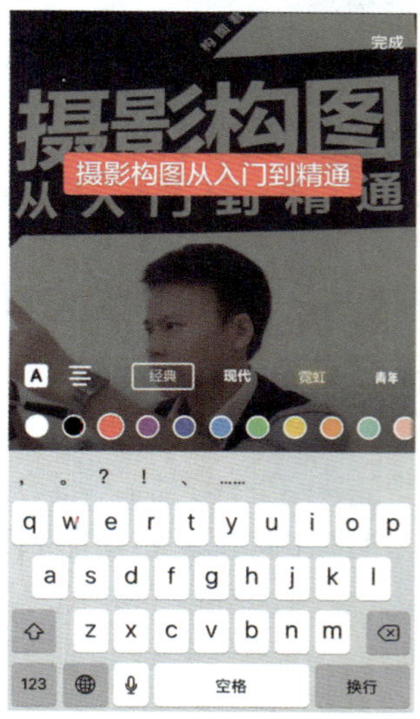

图 4-53　文字处理界面

点击视频后期处理界面中的“贴纸”按钮，可以进入贴纸处理界面。抖音后期处理中的贴纸主要分为“贴图”和“表情”两种。如图 4-54、图 4-55 所示分别为“贴图”和“表情”选择界面。

如果抖音账号运营者要使用某种贴纸，只需在“贴图”或“表情”界面中进行选取，便可运用到要发布的视频中。

图 4-54　“贴图”选择界面

图 4-55　“表情”选择界面

4.2.4　视频发布

在视频后期处理界面，对视频进行相关处理之后，点击界面的“下一步”按钮，便可进入如图 4-56 所示的“发布”界面。

在该界面，抖音账号运营者可以发布与视频及抖音账号相关的信息。例如，可以在界面上方的输入栏中输入重要信息，并添加与视频内容相关的话题，如图 4-57 所示。

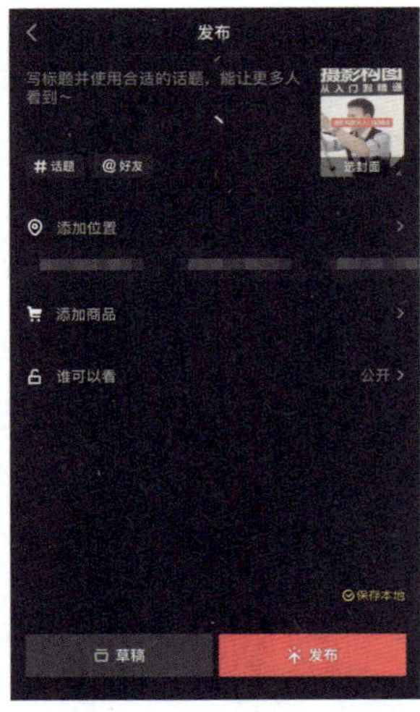

图 4-56　“发布”界面

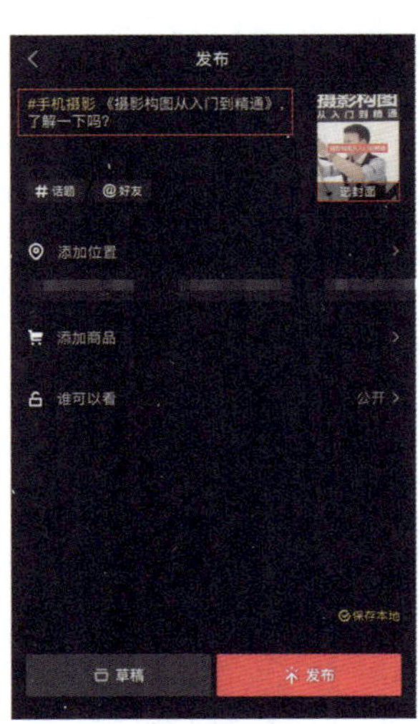

图 4-57　输入重要信息并添加话题

除此之外，还可点击界面中的“选封面”按钮，进入如图 4-58 所示的“选封面”界面，选择封面，点击✓按钮，选择视频封面。

点击“谁可以看”按钮，进入如图 4-59 所示的“谁可以看”界面，选择视频的展示对象。

图 4-58　“选封面”界面

图 4-59　“谁可以看”界面

在“发布”界面中对相关信息进行设置后，点击界面下方的“发布”按钮，如果显示“上传成功”，便说明视频发布成功了，如图 4-60 所示。

视频发布后，还会在抖音主页中显示视频，如图 4-61 所示。抖音账号运营者可以点击视频进行查看。

图 4-60　显示“上传成功”

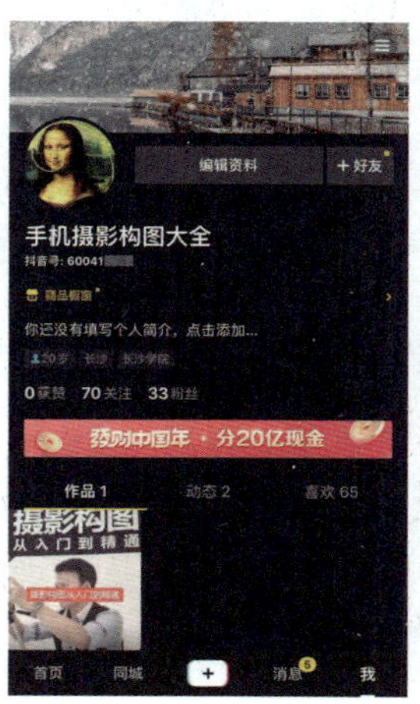

图 4-61　抖音主页显示发布的视频

4.3 视频发布的注意事项

面对火爆的抖音，普通用户如何正确地做好视频发布和运营，甚至让它为我们带来一笔不菲的收入呢？当然，快手、抖音视频的发布和账号的运营都非常讲究方法和技巧，本节将介绍发布和运营的一些技巧和相关的注意事项。

4.3.1 遵守平台规则

对于运营快手和抖音账号的自媒体人来说，做原创才是最长久、最靠谱的一件事情。在互联网上，想借助平台成功地实现变现，一定要做到两点：遵守平台规则和迎合用户的喜好。下面重点介绍快手和抖音的一些平台规则。

(1) 不建议做低级搬运。例如，带有其他平台特点和图案的作品，快手和抖音平台对这些低级搬运的作品会直接封号或者不给予推荐，因此不建议做。

(2) 视频必须清晰、无广告。

(3) 账号权重。笔者之前分析了很多账号，发现那些普通玩家上热门有一个共同的特点，那就是给别人点赞的作品很多，最少的都上百了。这是一种模仿正常用户的玩法，如果一上来就直接发视频，系统可能会判断你的账号是一个营销广告号或者小号，会审核屏蔽等。提高权重的具体方法如下。

- 抖音使用头条号登录。用 QQ 登录今日头条 App，然后在抖音的登录界面选择今日头条登录即可。因为抖音是今日头条旗下的产品，通过头条号登录，会潜在地增加账号权重。
- 采取正常的用户行为。多给热门作品点赞、评论和转发，选择粉丝越多的账号效果越好。如果想运营好一个快手或抖音账号，至少前 5 ~ 7 天先不要发作品，就在空闲的时候去刷一下别人的视频，然后多关注、多点赞，哪怕后期再取消关注，你也要多做这些工作，让系统觉得你是一个正常的账号。

4.3.2 多发布本地化内容

快手和抖音的本地化运营也非常重要，这里说一个比例，那就是一千万比一百万，也就是说每一个一千万人口的城市当中，一天就会有一百万人去刷抖音。因为在快手和抖音上发布短视频后，会先推给附近的人看，然后根据标签进行推荐。这是一个本地化的人口红利，建议要多发布本地化的内容，这样便于后期商业变现。

另外，很多人所在的城市有上千万人口，按理说快手和抖音用户应该也在百万以上，但为什么你发的视频播放量却只有几百次？其实，这是每个快手和抖音运营者都需要面对的一个坎，你的视频发布之后，可能一段时间内都会持续在

几百次播放量。在这种情况下，建议大家可以用一些技术手段，去加推一下视频，让视频播放量突破这个坎。

因为快手和抖音是基于兴趣推荐的，每个账号其实都会拥有一个或几个标签，如做美食类的账号就有“美食吃货”这样的标签，其发布的内容就会推荐给对该标签感兴趣的用户。另外，抖音属于今日头条的体系产品，同样会根据你视频里面的内容、视频的标签进行匹配，所以大家在标题上也要多花一点儿工夫。

例如，做美食的内容，可以在视频标题中多次强调“好吃”这样的关键词，如图 4–62 所示，从而匹配到更多精准用户，甚至吸引他们购买你的产品或者进入你的店铺消费。

图 4–62　关键词强调

4.3.3　选择适合的发布时间

在发布快手和抖音短视频时，建议大家的发布频率是一周至少 2 ~ 3 条为基本，然后进行精细化运营，保持视频的活跃度，让每一条视频都尽可能地上热门。至于发布的时间，为了让你的作品被更多的人看到，火得更快，一定要选择在快手和抖音粉丝在线人数多的时候发布。

据统计，饭前和睡前是快手和抖音用户最多的使用场景，有 62% 的用户会在这段时间内看抖音；10.9% 的用户会在碎片化时间看快手和抖音，如上卫生间或者上班路上。尤其是睡前和周末、节假日这些时间段，快手和抖音的用户活跃度非常高。建议大家发布时间最好控制在以下三个时间段，如图 4–63 所示。

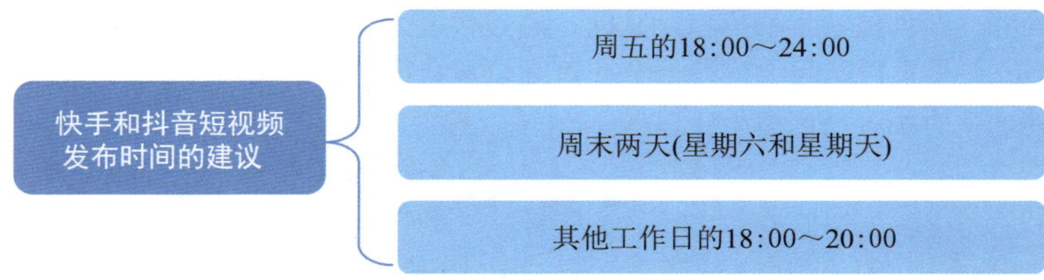

图 4-63　快手和抖音短视频发布时间的建议

同样的作品在不同的时间段发布，效果肯定是不一样的，因为流量高峰期人多，作品就有可能被更多人看到。如果运营者一次性录制了好几个视频，千万不要同时发布，每个视频发布时中间至少要间隔一个小时。

另外，发布时间还需要结合自己的目标客户群体的时间，因为职业不同、工作性质不同、行业细分不同以及内容属性不同，发布的时间节点也都有所差别，因此用户要结合内容属性和目标人群，选择一个最佳的时间点发布内容。再次提醒，最核心的一点就是在人多的时候发布，得到的曝光率和推荐机会会多很多。

4.3.4　发挥团队的协作能力

随着“无边界时代”的到来，短视频会越来越火爆，这也正是团队或者企业进入短视频领域的火爆期。

当然一个人做好短视频也是可行的，很多达人都是自己一个人在那儿自拍，或者拍一些自己唱歌跳舞的视频，就能积累上百万的粉丝。甚至有一些达人，自己一个人在家里或者在办公室，自己在沙发上坐着拍摄一些短视频，就能够火爆。这是一个人的团队做法。不过，这种情况毕竟是少数，任何一个平台从一开始到中期再到后期，入驻的作者都是越来越优秀的。

所以，在当下做快手和抖音视频的发布和运营，发挥团队的协作能力是最好的，可以建立一个 6 ～ 7 个人的专业团队，每天只生产一条 15 秒的短视频。在这样一种高质量、高背景、高强度以及高专业的情况下，生产出来的内容会更加受欢迎。

因为现在大家都用碎片化的时间浏览，如果是几分钟的视频，很多人不一定愿意看完，但如果是 15 秒的短视频，那就有很多人愿意看完。但是，如果虽然视频只有 15 秒，但没有给用户呈现出你想要表达的效果，那么用户可能看到 6 秒、7 秒或者 10 秒的时候就退出了，这对于团队创作的信心还是有所打击的。

这里主要强调有团队的自媒体运营者或相关企业，应尽快开始做快手和抖音短视频运营。因为在团队的协作下，只要舍得投入金钱和精力，不管是涨粉还是整个运营策略，都能够更快速地得到发展，并且把这件事情做好。

当然，在创建快手和抖音团队时，高效率是大家共同追求的目标，我们可以使用 5P 要素来帮助自己打造一个拥有高效率特征的快手和抖音团队，具体方法如图 4-64 所示。

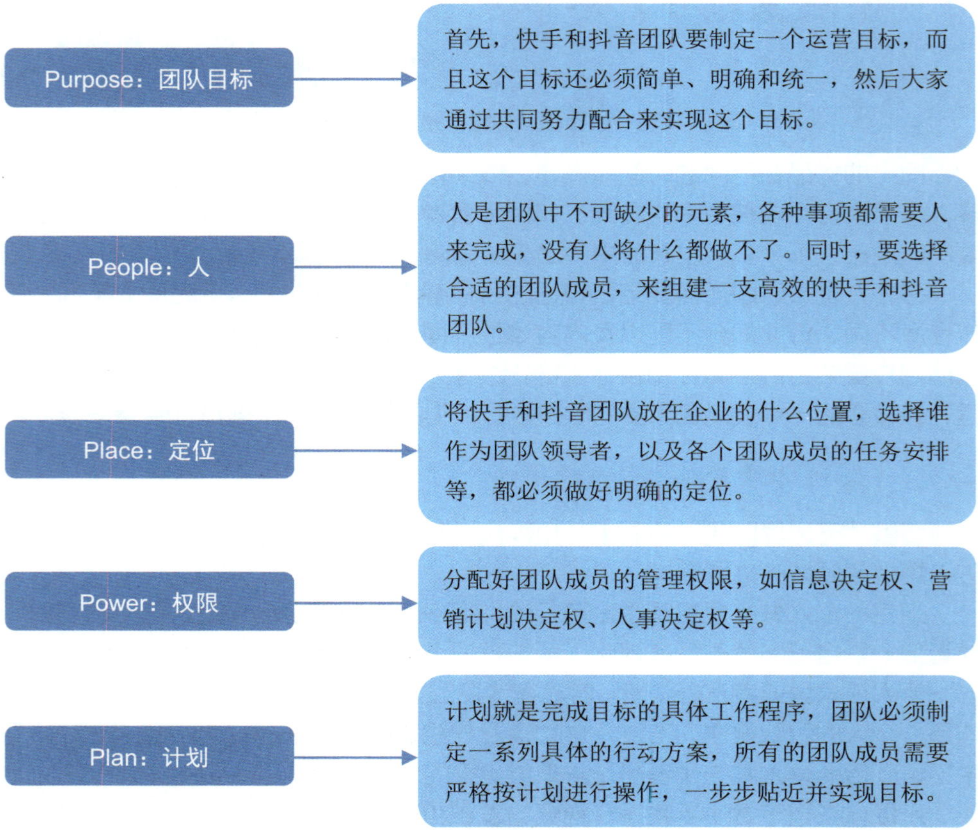

Purpose：团队目标	首先，快手和抖音团队要制定一个运营目标，而且这个目标还必须简单、明确和统一，然后大家通过共同努力配合来实现这个目标。
People：人	人是团队中不可缺少的元素，各种事项都需要人来完成，没有人将什么都做不了。同时，要选择合适的团队成员，来组建一支高效的快手和抖音团队。
Place：定位	将快手和抖音团队放在企业的什么位置，选择谁作为团队领导者，以及各个团队成员的任务安排等，都必须做好明确的定位。
Power：权限	分配好团队成员的管理权限，如信息决定权、营销计划决定权、人事决定权等。
Plan：计划	计划就是完成目标的具体工作程序，团队必须制定一系列具体的行动方案，所有的团队成员需要严格按计划进行操作，一步步贴近并实现目标。

图 4-64　打造高效率抖音团队的 5P 要素

快手和抖音团队的主要成员包括导演、编剧、演员、摄影师、剪辑师等。其中，演员是最重要的角色，尤其是真人出镜的短视频内容，演员一定要有很好的表演能力或者好的颜值，这些是吸引用户持续关注的必要条件。

快手和抖音团队的主要工作包括选择主题、策划剧本、拍摄剪辑、特效制作和发布维护等。总之，只要你的产品有一定的传播性，有更好的创意，有团队能够把它拍摄出来，就都有机会火爆。

例如，抖音蓝 V 粉丝数比较多的一个账号是单色舞蹈，这便是一个发挥团队协作能力的代表。这个账号不管是播放量还是点赞量，均排在蓝 V 企业号的前列，截至 2020 年 1 月中旬，该账号的粉丝数是 294.7 万个，获得点赞

846.8万条，如图4-65所示。

图4-65 单色舞蹈的抖音主页

"单色舞蹈"是国内知名的舞蹈培训机构，拥有400余名科班出身的老师任教。"单色舞蹈"抖音账号的内容定位非常清晰，那就是"零基础教你跳舞"，其"内容卡位"的优势非常明显。舞蹈是抖音平台上的一个非常重要的内容类型，满足了很多用户的精准需求，因此获得粉丝也比较容易。

4.3.5 勿轻易删除发布的视频

很多短视频都是在发布了一周甚至一个月以后，才突然开始火爆起来的，所以这一点给笔者一个很大的感悟，那就是在快手和抖音上其实人人都是平等的，唯一不平等的就是内容的质量。你的快手和抖音账号是否能够快速冲上一百万粉丝，是否能够快速吸引目标用户的眼球，最核心的点还是内容。

所以，笔者强调一个核心词，叫"时间性"。因为很多人在运营快手和抖音时有个不好的习惯，那就是当他发现某个视频的整体数据很差时，就会把这个视频删除。笔者建议大家千万不要删除之前发布的视频，尤其是账号还处在稳定成长的时候，删除作品对账号有很大的影响，如图4-66所示。

这就是"时间性"的表现，那些默默无闻的作品，可能过一段时间又能够得到流量扶持或曝光，因此我们唯一不能做的就是把作品删除。当然，如果觉得删除视频没有多大影响，可以试一下，但根据我们之前的实操经验，账号的数据会受到明显波动。

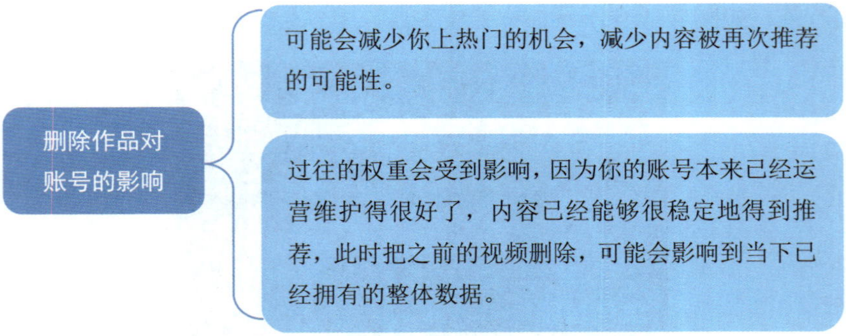

删除作品对账号的影响	可能会减少你上热门的机会，减少内容被再次推荐的可能性。
	过往的权重会受到影响，因为你的账号本来已经运营维护得很好了，内容已经能够很稳定地得到推荐，此时把之前的视频删除，可能会影响到当下已经拥有的整体数据。

图 4-66　删除作品对账号的影响

第5章

内容选择，让快手、抖音视频引流赢在起点

学前提示

在打造快手、抖音短视频时，内容的选择可谓是一个关键。只要内容选对了，那么，短视频引流就相当于赢在了起点。

具体来说，快手、抖音的内容要如何进行选择呢？这一章就来重点回答这个问题。

要点展示

- 内容生产的五种方法
- 容易上热门的内容种类
- 视频上热门的常见技巧

5.1 内容生产的五种方法

要想打造出爆款视频，还得掌握内容生产方法。这一节，就来重点为大家介绍五种内容生产方法，让大家可以快速产出热门内容。

5.1.1 原创法

对于有短视频制作能力的抖音账号运营者来说，原创引流是最好的选择。很多人开始做抖音原创之后，不知道拍摄什么内容，其实内容的选择没那么难，大家可以从以下几方面入手。

- 用视频展示你生活中的趣事。
- 演唱热门歌曲、学习热门舞蹈。
- 将自己见到的美景展示出来。
- 通过个性化的表情和肢体语言展示个人特色。
- 立足内容定位，持续产出系列内容。

例如，抖音号手机摄影构图大全就是通过持续产出原创构图技巧视频来吸引粉丝关注的。如图 5-1 所示为手机摄影构图大全发布的相关视频。

图 5-1　通过原创内容吸引粉丝关注

5.1.2 借鉴法

借鉴法并非是直接将视频搬运过来，发布到抖音平台上，而是将视频搬运过来之后，适当地进行改编，从而在原视频的基础上，增加自身的原创内容。

如图 5-2 所示的快手短视频，就是在借鉴《牧马人》视频的基础上，对视频进行了重新配音，并配备了对应的字幕。因为视频本身就具有一定的趣味性，再加上后期的搞笑方言配音，所以，抖音用户看到之后觉得非常有趣，便纷纷点赞、评论。于是，这一条运用借鉴法打造的视频，很快就火了。

图 5-2 在借鉴视频中加入方言配音和字幕

需要特别注意的是，最好不要搬运他人在抖音平台上发布的视频，更不要将他人在快手和抖音中发布的视频直接搬过来发布。以抖音为例，直接搬运的抖音视频，在画面的左上方或右下方会出现他人的抖音号信息，如图 5-3 所示。

图 5-3 直接搬运他人发布的抖音短视频

用户一看就知道你是直接搬运的他人的短视频，而且对于这种直接搬运他人视频的行为，快手和抖音平台也会进行限流。因此，这种直接搬运他人的视频基本上是不可能成为爆款视频的。

5.1.3 嵌套法

嵌套法就是通过借助已有的模板打造视频内容。如图 5-4 所示就是运用一个关于电影《牧马人》的模板打造的快手视频内容。

图 5-4　运用嵌套法打造的短视频

这种内容打造方法的优势在于，快手和抖音账号运营者只需将自身的视频内容嵌入模板中就能快速打造出一条新视频，而且新增的内容与模板中原有的内容还能快速产生联系。

5.1.4 模仿法

模仿法就是根据快手和抖音平台上已发布的短视频“依葫芦画瓢”地打造自己的视频。这种方法常用于已经形成热点的内容。因为一旦热点形成，模仿与热点相关的内容，会更容易获得快手和抖音用户的关注。

比如，2019 年 12 月，随着歌曲《火红的萨日朗》的走红，快手和抖音上出现了“# 草原最美的花”话题，许多人在该话题下以这首歌为背景跳起了舞，而且舞姿基本都是统一的，如图 5-5 所示。这便是运用模仿法拍摄短视频。

图 5-5　运用模仿法拍摄的短视频

5.1.5　扩展法

扩展法就是在他人发布的内容的基础上，适当地进行延伸，从而产生新的原创性内容。与模仿法相同，扩展法参照的对象也以抖音上的热点内容为佳。

比如，有一段时间《牧马人》这部电影突然在快手和抖音上火了，许多人对电影中的一句台词“老许，你要老婆不要”记忆深刻。于是，许多抖音账号运营者开始结合这句台词，根据自身情况打造了关于“老 X，你要三胎不要”的短视频，如图 5-6 所示。这种视频透露着幽默、搞笑，同时又与大多数家庭的现实情况相关，于是快速吸引了一些快手和抖音用户的围观。

图 5-6　运用扩展法拍摄的短视频

5.2 容易上热门的内容种类

做快手和抖音账号运营的人，对于那些爆款产品一定要时刻保持敏锐的嗅觉，及时研究、分析、总结他们成功背后的原因，不要一味地认为那些成功的人都是运气好，而是要思考和总结他们是如何成功的，多积累成功的经验，站在“巨人的肩膀”上，才能看得更高、更远，才能超越他们。下面总结了快手和抖音短视频的八大热门内容类型，提供给大家作为参考。

5.2.1 美女帅哥

为什么把“高颜值”的帅哥美女摆在第一位呢？笔者总结这一点的原因很简单，就是以快手和抖音的粉丝作为依据，这也是最有力的依据了。

以抖音为例，根据 2020 年 1 月 6 日的数据显示，抖音粉丝排行第一名是“陈赫”，第二名是“Dear- 迪丽热巴”，他们的粉丝数量都超过了 5000 万个，如图 5-7 所示。不可否认的是，这两人的颜值都比较高，而且他们获得的点赞数都超过了 1 亿条，这说明粉丝的黏性非常高，非常活跃。

图 5-7 “高颜值”的主播非常容易吸粉

在他们后面，粉丝数量前十的还包括 Angelababy、罗志祥和郭聪明。也就是说，抖音粉丝数量前十的账号，“高颜值”类的就占据了半壁江山。

由此不难看出，颜值是抖音营销的一大利器。只要长得好看，即便没有过人的技能，随便拍个唱唱歌、跳跳舞的视频也能吸引一些粉丝。这一点其实很好理解，毕竟谁都喜欢看好看的东西。很多人之所以刷抖音，并不是想通过抖音学习什么，而是借助抖音打发一下时间，在他们看来，看一下帅哥、美女本身就是一种享受了。

5.2.2 萌娃萌宠萌妹子

“萌”往往和“可爱”这个词对应，所以，许多快手和抖音用户在看到萌的事物时，都会忍不住想要多看几眼。在抖音中，根据展示的对象，可以将萌分为三类，一是萌娃；二是萌宠；三是萌妹子。下面就来分别进行分析。

1. 萌娃

萌娃是深受快手和抖音用户喜爱的一个群体。萌娃本身看着就很可爱了，而且他们的一些行为举动也让人觉得非常有趣。所以，与萌娃相关的视频，很容易就能吸引许多抖音用户的目光。如图 5-8 所示的两条抖音视频就是通过展示萌娃来吸引抖音用户关注的。

图 5-8 通过萌娃吸引关注

2. 萌宠

萌不是人的专有名词，小猫、小狗等可爱的宠物也是很萌的。许多人之所以养宠物，就是觉得萌宠们特别惹人怜爱。如果能把宠物日常生活中惹人怜爱、憨态可掬的一面通过视频展现出来，就能吸引许多快手和抖音用户，特别是喜欢萌宠的抖音用户前来围观。

也正是因为如此，抖音上兴起了一大批萌宠“网红”。例如，“会说话的刘二豆”快手粉丝数量超过 680 万个、抖音粉丝数量超过 4500 万个，内容以记录两只猫在生活中遇到的趣事为主，视频中经常出现快手和抖音上的“热梗”，

配以“戏精”主人的表演，给人以轻松愉悦之感。如图 5-9 所示为“会说话的刘二豆”发布的快手短视频。

图 5-9 “会说话的刘二豆”的相关短视频

要成为一名出色的萌宠类播主，得重点掌握一些内容策划的技巧，具体如下。

(1) 让萌宠人性化。比如，可以从与萌宠的日常生活中找到它的“性格特征”，并通过剧情的设计，对萌宠的“性格特征”进行展示和强化。

(2) 让萌宠拥有特长。比如，可以通过不同的配乐展示宠物的舞姿，把宠物打造成“舞王”。

(3) 配合宠物演戏。比如，可以拍一个萌宠的日常，然后通过后期配音，让萌宠和主人“说话”。

3. 萌妹子

萌妹子们身上统统会自带一些标签，如爱撒娇、天然呆、温柔、容易害羞等。在这些标签的加持之下，快手和抖音用户在看到视频中的萌妹子时，往往都会心生怜爱和保护之情。

快手和抖音上的各种萝莉都非常火，她们不仅有着非常性感、迷人的身材，而且风格很二次元，经常穿着“lo 服”，甜美的造型加上萌妹的身材，很受宅男网友的欢迎。例如，“蔡萝莉”凭借着好身材、高颜值以及 COS(Costume 的简略写法，指角色扮演) 各种类型人物，在快手和抖音上受到了极大的关注，如图 5-10 所示为“蔡萝莉”的相关快手短视频。

图 5-10 “蔡萝莉”的相关快手短视频

5.2.3 才艺展示

才艺包含的范围很广，除了常见的唱歌、跳舞之外，还包括摄影、绘画、书法、演奏、相声、脱口秀等。只要视频中展示的才艺足够独特，并且能够让快手和抖音用户觉得赏心悦目，那么，视频很容易就能上热门。下面分析和总结了一些快手和抖音“大V”们的不同类型的才艺内容，看看他们是如何成功的。

1. 演唱才艺

例如，“摩登兄弟”组合中的刘宇宁不仅拥有较高的颜值，而且歌声非常好听，还曾在各种歌唱节目中现身，展示非凡的实力，这也让“摩登兄弟”从默默无闻到拥有了超过3000万名抖音粉丝。如图5-11所示为“摩登兄弟”的抖音主页及相关短视频。

2. 舞蹈才艺

“代古拉K”给快手和抖音用户留下深刻记忆的除了她动感的舞蹈，还有单纯美好的甜美笑容。“代古拉K”的真名叫代佳莉，是一名职业舞者，她拍的舞蹈视频很有青春活力，给人朝气蓬勃、活力四射的感觉，跳起舞蹈来更是让人心旌荡漾。如图5-12所示为“代古拉K”的相关快手短视频。

“代古拉K”在成名前，除了短视频平台之外，从未参加过任何综艺节目，如今也踏上了《快乐大本营》的舞台，前途不可限量。要知道“网红”能登上电视，这本身就是对她的一种肯定，对她的知名度也有一定的影响。

图 5-11　“摩登兄弟”的抖音主页及相关短视频

才艺展示是塑造个人 IP 的一种重要方式。而 IP 的塑造又可以吸引大量精准的抖音粉丝，为 IP 的变现提供良好的前景。因此，许多拥有个人才艺的抖音运营者，都会注重通过才艺展示来打造个人 IP。

3. 演奏才艺

对于一些学乐器的，特别是在乐器演奏上取得了一定成就的运营者来说，展示演奏才艺类的视频内容只要足够精彩，便能快速吸引大量快手和抖音用户的关注。如图 5-13 所示的两条抖音视频就是通过演奏才艺来吸引用户关注的。

图 5-12　“代古拉 K”的相关快手短视频

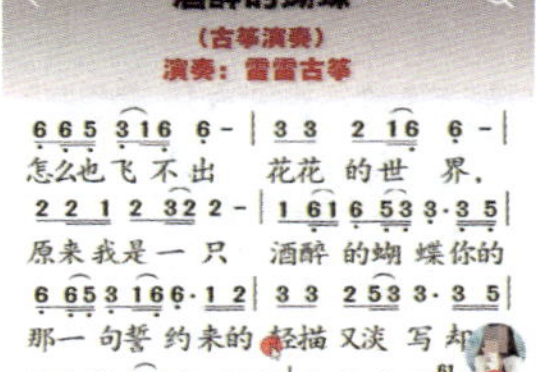

图 5-13　通过演奏才艺吸引关注

5.2.4　美景美食

关于“美”的话题，从古至今，有众多与之相关的，如沉鱼落雁、闭月羞花、倾国倾城等，除了表示其漂亮外，还附加了一些漂亮所引发的效果。可见，颜值高还是有着一定影响力的，有时甚至会起决定性作用。

这一现象同样适用于快手和抖音短视频的内容打造。当然，这里的“美”并不仅仅是指人，它还包括美景、美食等。快手和抖音账号运营者可以通过在短视频中将美景和美食进行展示，让快手和抖音用户共同欣赏。

从人的方面来说，除了先天条件外，要想变美，必须在自己所展现出来的形象和妆容上下功夫：让自己看起来显得精神、有神采，而不是一副颓废的样子，这也是能明显提升颜值。

从景物、食物等方面来说，完全可以通过其本身的美再加上高深的摄影技术来实现的，如精妙的画面布局、构图和特效等，就可以打造一个高推荐量、高播放量的短视频文案。如图 5-14 所示为有着高颜值的美食、美景短视频内容。

快手和抖音的发展为许多景点带来了发展机遇，许多景点，甚至城市也开始借助抖音来打造属于自己的 IP。比如，许多人在听了赵雷的《成都》之后，会想去看看“玉林路”和“小酒馆”的模样；许多人看到摔碗酒之后，会想去西安体验一下大口喝酒的豪迈；许多人在抖音中看到重庆“穿楼而过的轻轨”时，会想亲自去重庆体验轻轨从头上“飞”过的奇妙感觉。

“快手同款”和“抖音同款”为城市找到了新的宣传突破口，把城市中具有代表性的吃食、建筑和工艺品高度地提炼，配以特定的音乐、滤镜和特效，打造一个个视频，并在视频中设置地点。快手和抖音用户看到视频之后，如果想要亲

自体验，就会到对应地点进行打卡。

图 5-14　关于美食、美景的短视频

5.2.5　技能传授

许多快手和抖音用户是抱着猎奇的心态刷短视频的。那么，什么样的内容可以吸引这些用户呢？其中一种就是技能传授类的内容。

为什么呢？因为快手与抖音用户看到自己没有掌握的技能时，会感到不可思议。技能包含的范围比较广，既包括各种绝活，也包括一些小技巧。如图 5-15 所示的短视频展示的就是打结的技能。

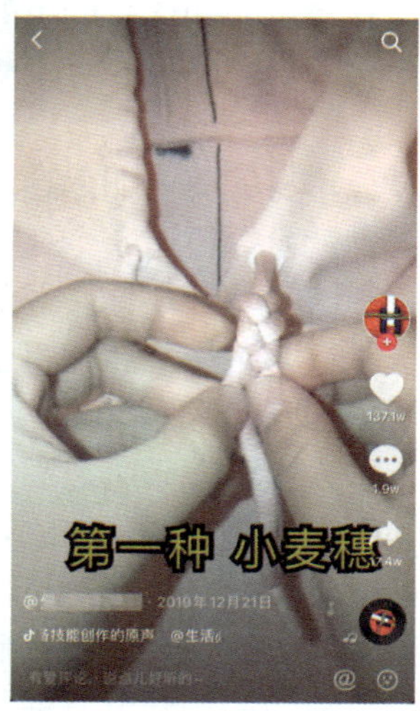

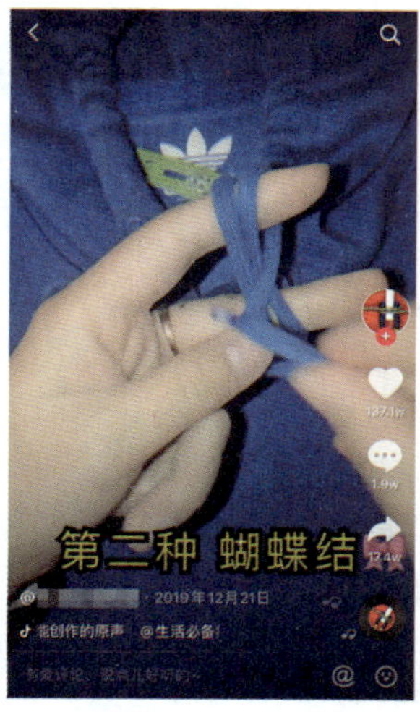

图 5-15　通过短视频传授技能吸引众人关注

很多技能都是长期训练之后的产物，普通快手与抖音用户可能并不能轻松地掌握。其实，除了难以掌握的技能之外，快手与抖音账户运营者也可以在视频中展示一些用户学得会、用得着的技能。比如，许多爆红抖音的技能便属于此类，如图 5-16 所示。

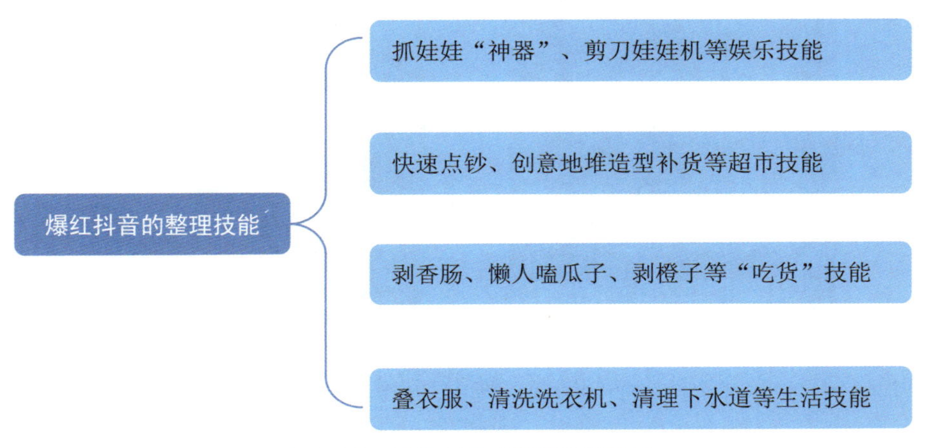

图 5-16 爆红抖音的整理技能示例

与一般的内容不同，技能类的内容能让一些抖音用户觉得像是发现了一个新大陆。因为此前从未见过，所以会觉得特别新奇。如果觉得视频中的技能在日常生活中用得上，就会进行收藏，甚至将视频转发给自己的亲戚朋友。因此，只要你在视频中炫的技能在抖音用户看来是实用的，那么，播放量通常会比较高。

5.2.6 幽默搞笑

幽默搞笑类的内容一直都不缺观众。许多用户之所以经常刷快手、抖音，主要就是因为快手、抖音中有很多短视频内容能够逗人一笑。所以，那些笑点十足的短视频内容，很容易在快手、抖音中被引爆。

如图 5-17 所示，在短视频中账号运营者选取了一些形态比较搞笑的动植物，这些动植物光看上去就已经很搞笑了，视频中根据这些动植物的形态和动作，进行了川渝方言的高效配音，因此，许多用户看到这条短视频之后，都会忍不住大笑一场。

图 5-17 幽默搞笑型短视频

5.2.7 信息普及

有时候专门拍摄短视频内容比较麻烦，如果快手和抖音账号运营者能够结合自己的兴趣爱好和专业打造短视频内容，就一些大众比较关注的内容进行普及，那么，短视频的制作就会变得容易得多。而且如果觉得你普及的内容有收藏价值，快手和抖音用户也会很乐意给你的短视频点赞。

例如，网易云音乐主要是对音乐进行普及；手机摄影构图大全主要是对摄影技巧进行普及。因为音乐和摄影都有广泛的受众，而且其分享的内容对于抖音用户也比较有价值，因此，这两个抖音账号发布的短视频内容都得到了不少抖音用户的支持。如图 5-18 所示为这两个抖音账号发布的短视频。

5.2.8 知识输出

如果看完你的短视频之后，能够获得一些知识，那么，快手和抖音用户自然会对你发布的短视频感兴趣。

许多人觉得化学这门学科学习起来比较难，也很难对它提起兴趣，而向波老师便是结合世间万物将化学知识进行输出，让原本枯燥的内容变得具有趣味性，所以，其发布的抖音短视频很容易就吸引了大量的抖音用户。如图 5-19 所示为向波老师发布的相关抖音短视频。

图 5–18　信息普及型短视频

图 5–19　向波老师发布的相关抖音短视频

5.3　视频上热门的常见技巧

虽然每天都有成千上万的视频运营者将自己精心制作的视频上传到快手和抖音平台上，但被标记为精选和上了热门的视频却寥寥无几，到底什么样的视频可以被推荐呢？本节将介绍快手和抖音短视频上热门的常见技巧。

5.3.1 传达正能量

什么是正能量？百度百科给出的解释是：“正能量指的是一种健康乐观、积极向上的动力和情感，是社会生活中积极向上的行为。”接下来，笔者将从三个方面结合具体案例进行解读，让大家了解什么样的内容才是正能量的内容。

1. 好人好事

好人好事包含的范围很广，它既可以是见义勇为，为他人伸张正义，也可以是拾金不昧，主动将财物交还给失主，还可以是看望孤寡老人，关爱弱势群体，如图 5-20 所示。

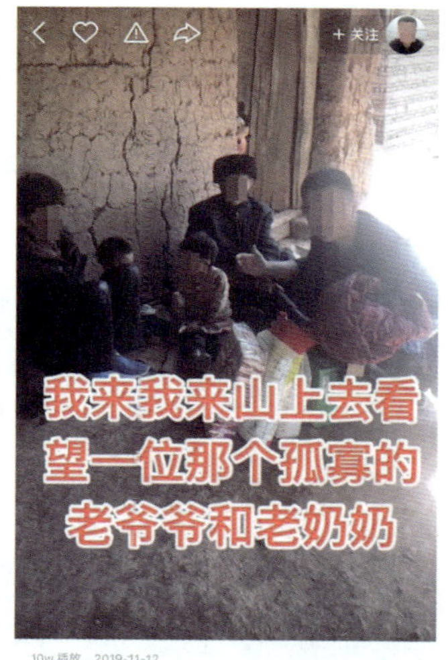

图 5-20 弘扬正能量的短视频

快手用户在看到这类视频时，会从那些做好人好事的人身上看到善意，感觉到这个社会的温暖。同时，这类视频很容易触及快手用户柔软的内心，让快手用户看后忍不住想要点赞。

2. 文化内容

文化内容包含了书法、乐趣和武术等。这类内容在快手上具有较强的号召力。如果快手运营者有文化内容方面的特长，可以用快手视频的方式展示给快手用户，让快手用户感受到文化的魅力。如图 5-21 所示的快手视频中，便是通过展示文化内容让快手用户感受文化魅力的。

图 5-21　展示文化内容的短视频

3. 努力拼搏

当快手用户看到视频中那些努力拼搏的身影时，会感受到满满的正能量，这会让快手用户在深受感染之余，从内心产生一种认同感。而在快手中表达认同最直接的一种方式就是点赞，因此，那些传达努力拼搏精神的视频，通常比较容易获得较高的点赞量。

5.3.2 发现美好生活

生活中处处充满美好，缺少的只是发现美的眼睛。用心记录生活，生活也会时时不回馈你惊喜。下面我们来看看这些抖音上的达人是如何拍摄平凡的生活片段，来赢得大量粉丝关注的。

有时候我们在不经意之间可能会发现一些平时看不到的东西，或者是创造出一些新事物。此时这些新奇的事物便有可能显得非常美好。例如，有的视频运营者用红蜡和树枝人工制作了一些插花，用其装饰了屋子，这便属于自己创造了生活中的美好，如图 5-22 所示。

生活当中的美好涵盖的面非常广，一些简单的快乐也属于此类。例如，在如图 5-23 所示的视频中，是通过孩子间的分享——这种简单的快乐，来呈现生活中美好的一面。

图 5-22　创造生活中的美好

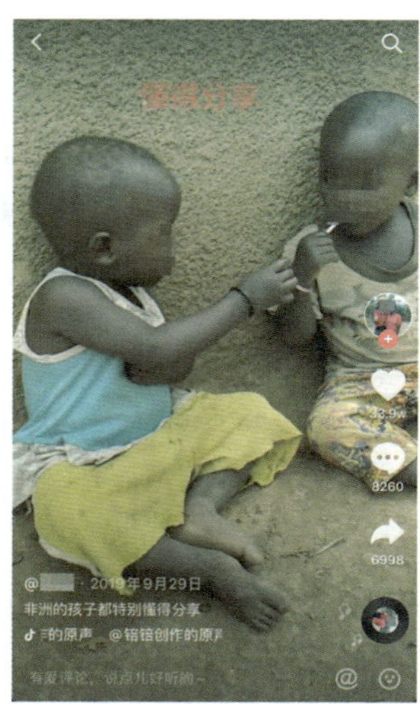

图 5-23　孩子间分享的简单快乐

5.3.3　融入个人创意

俗话说：“台上十分钟，台下十年功。”快手和抖音上有创意和脚踏实地生活的短视频从不缺少粉丝的点赞和喜爱。

短视频运营者也可以结合自身优势，打造出创意。例如，一名擅长雕工的运营者，拍摄了一条展示南瓜雕刻作品的短视频，抖音用户在看到该短视频之后，因其独特的创意和高超的技艺而纷纷点赞，如图 5-24 所示。

图 5-24　展示南瓜的创意雕刻

除了展示各种技艺之外，短视频运营者还可以通过奇思妙想，打造一些生活小妙招。例如，一位抖音运营者通过展示风油精的隐藏妙用，获得了超过 33 万条点赞，如图 5-25 所示。

图 5-25　展示风油精的妙用

创意类内容包含一些脑洞大开的段子、恶搞视频、日常生活中的创意等，出其不意的反转格外吸睛，即使是相似的内容也能找到不同的笑点。

用户点赞通常有两个出发点，一个是对视频内容的高度认可和喜欢，另一个是害怕以后再也刷不到这条视频，所以要进行收藏。搞笑视频则更偏向于前者，分享门槛低，可以说是最容易激起用户转发欲望的一种视频类型了。

5.3.4 紧跟热点话题

很多用户都参加过快手和抖音的挑战赛，“热梗”也玩了不少，视频都是原创，制作还很用心，但为什么就是得不到系统推荐，点赞数也特别少呢？

一条视频想要在快手和抖音上火起来，除“天时”“地利”“人和”以外，还有两个重要的秘诀：一是要有足够吸引人的全新创意，二是内容的丰富性。要做到这两点，最简单的方法就是紧抓官方热门话题，这里不仅有丰富的内容形式，而且还有大量的新创意玩法。

快手和抖音上每天都会有不同的挑战，用户发视频的时候可以添加一个挑战话题，优秀视频会被推荐到首页，会让你的视频曝光率更高，也会引来相同爱好者的更多点赞与关注。

那么，短视频运营者要如何紧跟官方的热门话题发布相关的短视频呢？接下来笔者就以抖音为例，来讲解具体的操作步骤。

步骤 01 登录抖音短视频 App，点击视频播放界面右上方的按钮，如图 5-26 所示。

步骤 02 进入抖音发现界面，点击“更多”版块中的话题对应的活动页，如图 5-27 所示。

图 5-26 点击按钮

图 5-27 点击话题对应的活动页

步骤 03 操作完成后，便可查看该话题的相关视频。如图 5-28 所示为“#新年造万象”话题的相关界面。

步骤 04 抖音用户只需点击话题界面中的“参与”按钮，即可进入拍摄页面，运用该话题的相关贴纸拍摄视频，如图 5-29 所示。

图 5-28 点击“参与”按钮

图 5-29 进入拍摄界面

步骤 05 点击拍摄界面中的●按钮，进行视频拍摄，如图 5-30 所示。

步骤 06 拍摄完成后，进入抖音视频“发布”界面。该界面会自动显示话题的名称，如图 5-31 所示。

图 5-30 进行视频拍摄

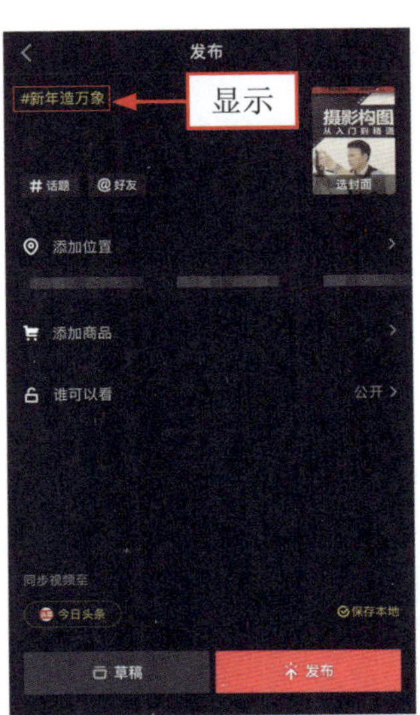

图 5-31 “发布”界面

步骤 07 视频发布完成之后，在抖音主页的作品一栏中，将出现短视频的相关信息，如图 5-32 所示。

步骤 08 点击刚刚发布的短视频，如果界面中显示了话题名称，就说明结合热门话题的短视频发布成功了，如图 5-33 所示。

图 5-32 抖音主页出现刚发布的作品

图 5-33 视频中显示话题名称

第 6 章

文案打造，增强快手、抖音内容的吸睛能力

学前提示

许多用户会根据视频的封面决定要不要点击进去观看。在查看视频的过程中，用户也会根据视频的文字说明和开头内容，决定要不要看完视频，要不要对视频进行点赞、评论和转发。

而视频的封面、文字说明和开头内容又属于文案的一部分。因此，视频文案的打造就显得尤为重要了。

要点展示

- 标题是文案打造的关键
- 文案内容的基本写作方法

6.1 标题是文案打造的关键

许多快手和抖音用户在看一个短视频时，首先注意到的可能就是它的标题。因此，一个短视频的标题好不好，将对它的相关数据造成很大的影响。那么，如何打造爆款短视频标题呢？笔者认为必须掌握三个关键内容。

6.1.1 标题制作的要点

作为抖音短视频的重要部分，标题是短视频运营者需要重点关注的内容。标题创作必须要掌握一定的技巧和写作标准，只有对标题撰写必备的要素熟练掌握，才能更好、更快地实现标题撰写达到引人注目的效果。

那么，在撰写抖音短视频标题时，应该重点关注哪些方面，并进行切入和语言组织呢？接下来我们就一起来看一下标题制作的要素。

1. 不做“标题党”

标题是抖音短视频的“窗户”，抖音用户要是能通过这一扇“窗户”看到短视频内容的一个大致提炼，就说明这一标题是合格的。换句话说，就是标题要体现出短视频内容的主题。

虽然标题要起到吸引受众的作用，但是如果受众被某一标题吸引，点击进去之后却发现标题和内容主题联系得不紧密，或是完全没有联系，就会降低信任度，从而拉低点赞量和转发量。

这要求账号运营者在撰写短视频标题的时候，一定要注意所写的标题与内容主题要联系紧密，切勿“挂羊头卖狗肉”，做“标题党”，而应该像图 6-1 一样，尽可能地让标题与内容紧密关联。

2. 重点要突出

一个标题的好坏直接决定了短视频点击量、完播率的高低，所以，在撰写标题时，一定要重点突出，简洁明了，标题字数不要太长，最好能够朗朗上口，这样才能让受众在短时间内就能清楚地知道你想要表达的是什么，也就愿意点击查看短视频内容了。

在撰写标题的时候，要注意标题用语的简短，突出重点，切忌标题成分过于复杂。标题简单明了，用户在看到简短的标题的时候，会有一个比较舒适的视觉感受，阅读起来也更方便。如图 6-2 所示的短视频标题只有短短五个字，但用户却能从中看出短视频的主要内容，这样的标题就很好。

图 6-1　紧密联系主题的标题案例

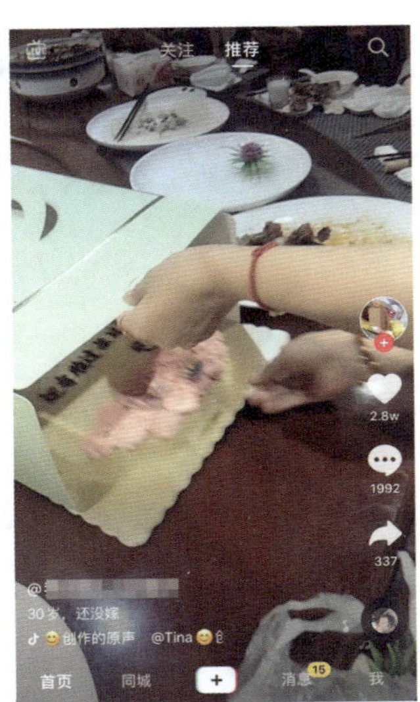

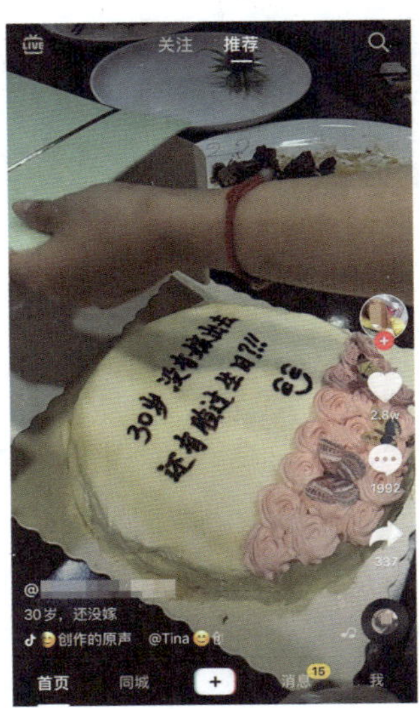

图 6-2　简短标题

3. 使用吸睛词汇

标题是一个短视频的“眼睛”，在短视频中起着巨大的作用。标题展示一个短视频的大意、主旨，甚至是对故事背景的诠释，所以，一个短视频数据的多少，与标题有着不可分割的联系。

短视频标题要想吸引受众，就必须要有其点睛之处。给短视频标题“点睛”

是有技巧的。在撰写标题的时候，短视频运营者加入一些能够吸引受众眼球的词汇，比如“惊现”“福利”“秘诀”“震惊”等。这些“点睛”词汇，能够让受众产生好奇心，如图 6-3 所示。

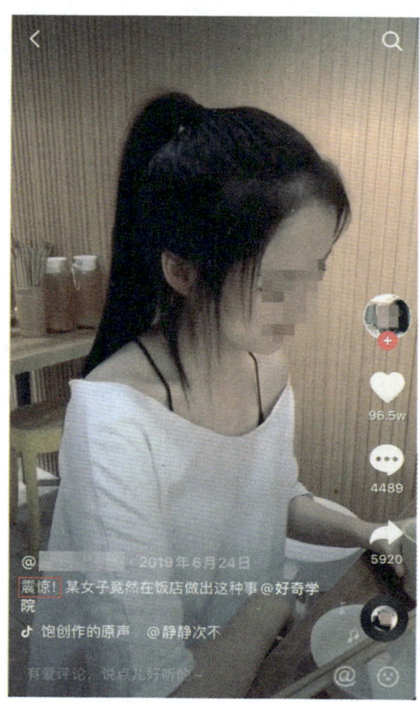

图 6-3 利用“点睛”词汇的标题案例

6.1.2 标题写作的技巧

一个文案，最先吸引浏览者的是什么？毋庸置疑是标题，好的标题才能让浏览者点击进去查看视频内容，让视频上热门。因此，拟写文案的标题就显得十分重要。而掌握一些标题创作技巧也就成了每个抖音账号运营者必须掌握的核心技能。

1. 拟写标题，三大原则

评判一个文案标题的好坏，不仅要看它是否有吸引力，还需要参照其他的一些原则。在遵循这些原则的基础上撰写的标题，能让短视频更容易上热门。这些原则具体如下。

1) 换位原则

抖音账号运营者在拟定文案标题时，不能只站在自己的角度去想要推出什么，更要站在受众的角度去思考。也就是说，应该将自己当成受众，如果想知道某个问题，你会用什么搜索词去搜索这个问题的答案？这样写出来的文案标题会更接近受众心理。

因此，抖音账号运营者在拟写标题前，可以先将有关的关键词输入搜索浏览器中进行搜索，然后从排名靠前的文案中找出它们写标题的规律，再将这些规律用于自己要撰写的文案标题中。

2) 新颖原则

抖音账号运营者如果想要让自己的文案标题形式变得新颖，可以采用多种方法。那么，抖音账号运营者应该如何让文章的标题变得更加新颖呢？笔者在这里介绍几种比较实用的标题形式。

文案标题写作要尽量使用问句，这样比较能引起人们的好奇心，比如：“谁来‘拯救’缺失的牙齿？”这样的标题更容易吸引读者。

文章标题创作时要尽量写得详细、细致，这样才会有吸引力。

要尽量将利益写出来，无论是读者阅读这篇文案后所带来的利益，这是这篇文案中涉及的产品或服务所带来的利益，都应该在标题中直接告诉读者，从而增加标题对读者的影响力。

3) 关键词组合原则

通过观察，可以发现能获得高流量的文案标题，都是拥有多个关键词，并且是进行组合之后的标题。这是因为只有单个关键词的标题，它的排名影响力不如多个关键词的标题。

例如，如果仅在标题中嵌入“面膜”这一个关键词，那么用户在搜索时，只有搜索到“面膜”这一个关键字，文案才会被搜索出来，而标题上如果含有“面膜”“变美”“年轻”等多个关键词，则用户在搜索其中任意关键字的时候，文案都会被搜索出来，标题“露脸”的机会也就更多了。

2. 涵盖文章，凸显主旨

俗话说：“题好一半文。”它的意思就是说，一个好的标题就等于一半的文案内容。衡量一个标题好坏的方法有很多，而标题是否体现视频的主旨就是衡量标题好坏的一个主要参考依据。

如果一个标题不能够做到在受众看见它的第一眼就明白它想要表达的内容，由此得出该短视频是否具有点击查看的价值，那么受众在很大程度上就会放弃查看这一篇文案。那么，文案标题是否体现文案主旨将会造成什么样的结果呢？具体分析如图 6-4 所示。

经过分析，大家可以直观地看出，文案标题是否体现文案主旨会直接影响抖音视频的营销效果。所以，抖音账号运营者想要让自己的视频上热门的话，那么在选取文案标题的时候一定要多注意文案的标题是否体现了其主旨。

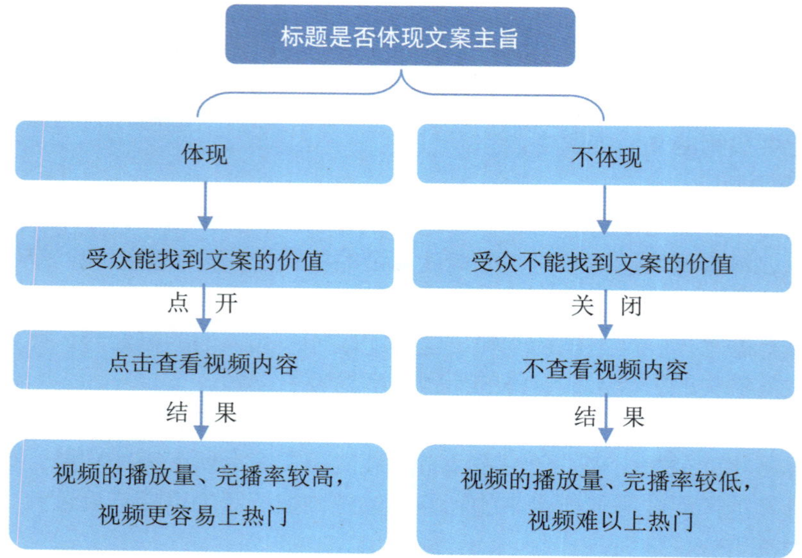

图 6-4　标题是否体现文案主旨将造成的结果分析

3. 掌握词根，增加曝光

笔者在前文中介绍标题应该遵守的原则时，曾提及写标题要遵守关键词组合的原则，这样才能凭借更多的关键词增加文案的“曝光率”，让自己的文案出现在更多的抖音用户面前。在这里笔者将给大家介绍如何在标题中运用关键词。

进行文案标题编写的时候，抖音账号运营者需要充分考虑怎样去吸引目标受众的关注。而要实现这一目标，就需要从关键词着手。而要在标题中运用关键词，就需要考虑关键词是否含有词根。

词根指的是词语的组成根本，只要有词根我们就可以组成不同的词。抖音账号运营者在标题中加入有词根的关键词，才能将文案被搜索到的概率提高。

例如，一篇文案标题为“十分钟教你快速学会手机摄影”，那这个标题中“手机摄影”就是关键词，而“摄影”就是词根，根据词根我们可以写出更多的与摄影相关的标题。

6.1.3　常用吸睛标题

在快手和抖音账号运营过程中，标题的重要性不言而喻，正如曾经流传的一句话所言：“标题决定了 80% 的流量。”虽然其来源和准确性不可考，但由其流传之广就可知，其中涉及的关于标题重要性的话题是值得重视的。

在了解了标题设置目的和要求的情况下，接下来我们具体了解怎样设置标题和利用什么表达方式去设置标题。

1. 福利型

福利型标题是指通过标题向受众传递一种“查看这个短视频你就赚到了”的感觉，让快手和抖音用户自然而然地想要看完短视频。一般来说，福利型标题准确地把握了用户的心理需求，让用户一看到“福利”的相关字眼就会忍不住想要了解短视频的内容。

福利型标题的表达方法有两种，一种是比较直接的方式，另一种则是间接的表达方式，虽然方式不同，但是效果都相差无几，具体如图 6-5 所示。

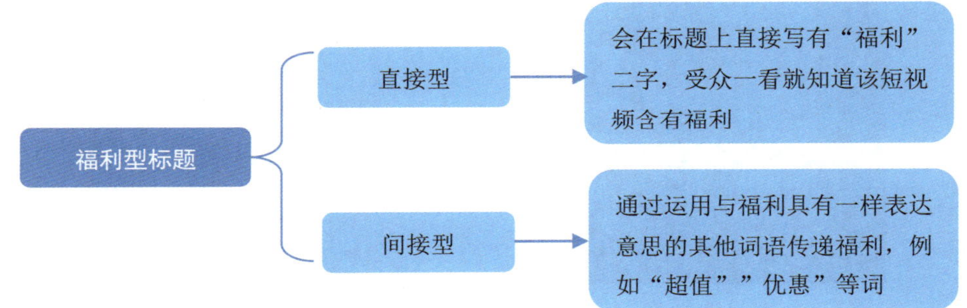

图 6-5 福利型标题的表达方法

值得注意的是，在撰写福利型标题的时候，无论是直接型还是间接型，都应该掌握如图 6-6 所示的三点技巧。

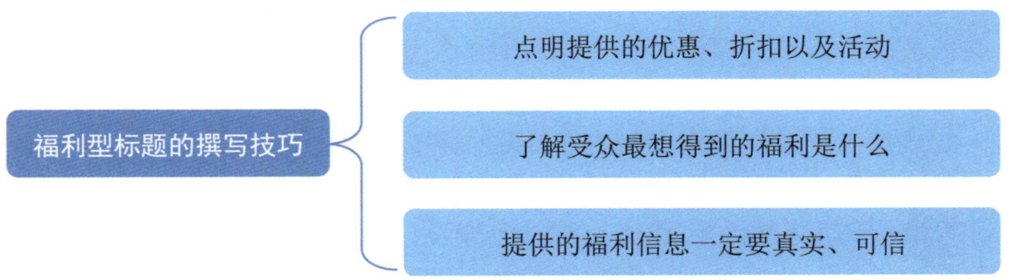

图 6-6 福利型标题的撰写技巧

福利型标题有直接福利型和间接福利型两种不同的表达方型，不同的标题案例有不同的特色，接下来我们就一起来看看这两种福利型标题的经典案例，如图 6-7 和图 6-8 所示。

这两种类型的福利型标题虽然稍有区别，但本质上都是通过“福利”来吸引受众的眼球，从而提升短视频的点击率。

福利型标题通常会给受众带来一种惊喜之感，试想，如果短视频标题中或明或暗地指出含有福利，你难道不会心动吗？

福利型标题既可以吸引快手和抖音用户的注意力，又可以为用户带来实际利

益，可谓一举两得。当然，福利型标题在撰写的时候也要注意，不要因为侧重福利而偏离了主题，而且最好不要使用太长的标题，以免影响短视频的传播效果。

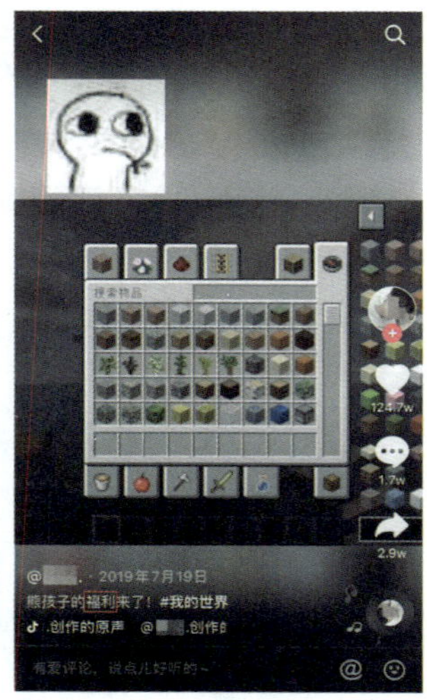

图 6-7　直接福利型标题

图 6-8　间接福利型标题

2. 价值型

价值型标题是指向快手和抖音用户传递一种只要查看了短视频之后就可以掌握某些技巧或者知识的信心。

这种类型的标题之所以能够引起受众的注意，是因为抓住了人们想要从短视频中获取实际利益的心理。许多快手和抖音用户都是带着一定的目的刷快手和抖音的，要么是希望短视频含有福利，比如优惠、折扣；要么是希望能够从短视频中学到一些有用的知识。因此，价值型标题的魅力是不言而喻的。

在打造价值型标题的过程中，往往会碰到这样一些问题，比如“什么样的技巧才算有价值？”“价值型标题应该具备哪些要素？”等等。那么，价值型标题到底应该如何撰写呢？笔者将其经验技巧总结为如图 6-9 所示的三点。

- 撰写价值型标题的技巧
  - 使用比较夸张的语句突出价值
  - 懂得一针见血地抓住受众的需求
  - 重点突出技巧知识点好学、好用

图 6-9　撰写价值型标题的技巧

值得注意的是，在撰写价值型标题时，最好不要提供虚假的信息，比如“一分钟一定能够学会 XX”“三大秘诀包你 XX”等。价值型标题虽然需要添加夸张的成分在其中，但要把握好尺度，要有底线和原则。

价值型标题通常会出现在技术类的文案之中，主要是为受众提供实际好用的知识和技巧。如图 6-10 所示为价值型标题的典型案例。

图 6-10　价值型标题的典型案例

快手和抖音用户在看见这种价值型标题的时候，就会更加有动力查看短视频的内容，因为这种类型的标题会给人一种学习这个技能很简单、不用花费过多时间和精力的印象。

3. 励志型

励志型标题最显著的特点就是“现身说法”，一般是通过第一人称的方式讲故事，故事的内容包罗万象，但总的来说离不开成功的方法、教训以及经验等。

如今很多人都想致富，却苦于没有致富的定位，如果这时候给他们看励志型短视频，让他们知道企业是怎样打破枷锁、走上人生巅峰的，他们就很有可能对带有这类标题的内容感到好奇，因此这样的标题结构看起来具有独特的吸引力。励志型标题模板主要有两种，如图 6-11 所示。

励志型标题的优势在于煽动性强，容易制造一种鼓舞人心的感觉，勾起快手和抖音用户的欲望，从而提升短视频的完播率。

那么，打造励志型标题是不是单单依靠模板就好了呢？答案是否定的。模板固然可以借鉴，但在实际操作中，还是要根据内容的不同而研究特定的励志型标题。总的来说有三种技巧可供借鉴，如图 6-12 所示。

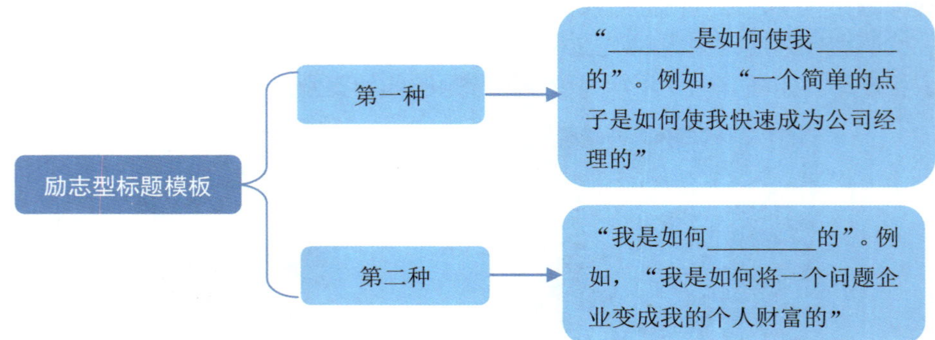

图 6-11　励志型标题的两种模板

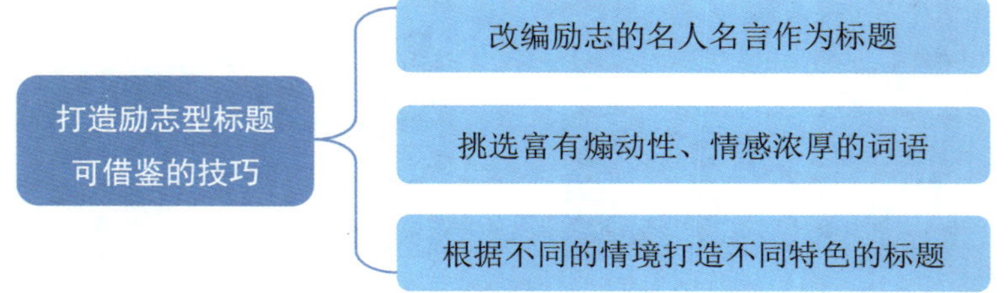

图 6-12　打造励志型标题可借鉴的技巧

一个成功的励志型标题不仅能够带动受众的情绪，而且还能促使快手和抖音用户对短视频产生极大的兴趣。如图 6-13 所示为励志型标题的典型案例展示，都带有较强的励志情感。

励志型标题一方面是利用快手和抖音用户想要获得成功的心理，另一方面则是巧妙地掌握了引进情感共鸣的精髓，通过带有励志色彩的字眼来引起受众的情感共鸣，从而成功地吸引受众的目光。

4. 冲击型

不少人认为：“力量决定一切。”这句话虽带有绝对化的主观意识，但还是有一定道理的。其中，冲击力作为力量范畴中的一员，在快手和抖音短视频标题撰写中有着它独有的价值和魅力。

所谓“冲击力”，即带给人在视觉和心灵上的触动的力量，也即引起快手和抖音用户关注的原因所在。

在具有冲击力的标题撰写中，要善于利用“第一次”和“比……还重要”等类似的较具有极端性特点的词汇——因为受众往往比较关注那些具有特别突出特点的事物，而“第一次”和“比……更重要”等词汇是最能充分体现其突出性的，往往能带给受众强大的冲击力和视觉刺激感。

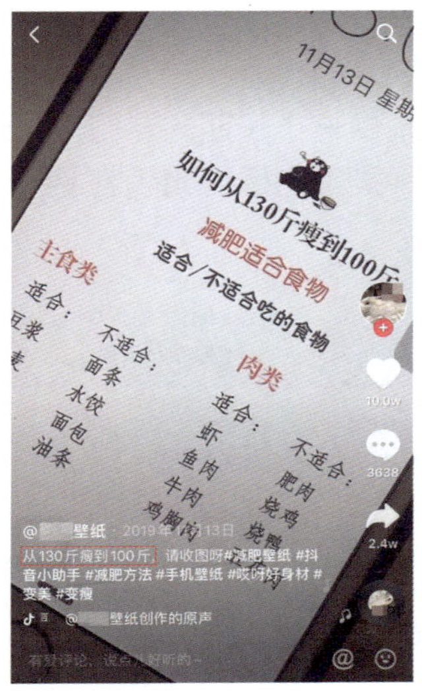

图 6-13　冲击型标题

如图 6-14 所示为一些带有冲击感的抖音短视频标题案例。这两个短视频的标题就是利用“第一次”和“比……更重要”这种较极端性的语言，给抖音用户造成一种视觉乃至心理上的冲击力。

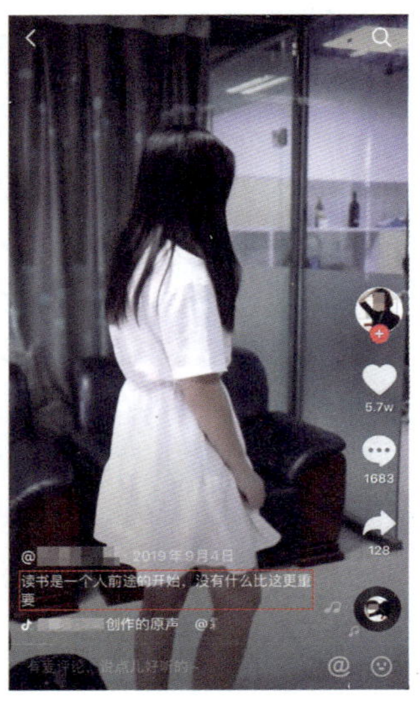

图 6-14　带有冲击感的文案标题案例

5. 揭露真相型

揭露真相型标题是指为受众揭露某件事物不为人知的秘密的一种标题。大部分人都会有好奇心和八卦心理，而这种标题则恰好可以抓住受众的这种心理，从而给受众传递一种莫名的兴奋感，充分引起受众的兴趣。

抖音账号运营者可以利用揭露真相型标题做一个长期的专题，从而达到一段时间内或者长期凝聚受众的目的。而且，这种类型的标题比较容易打造，只需把握如图 6-15 所示的三大要点即可。

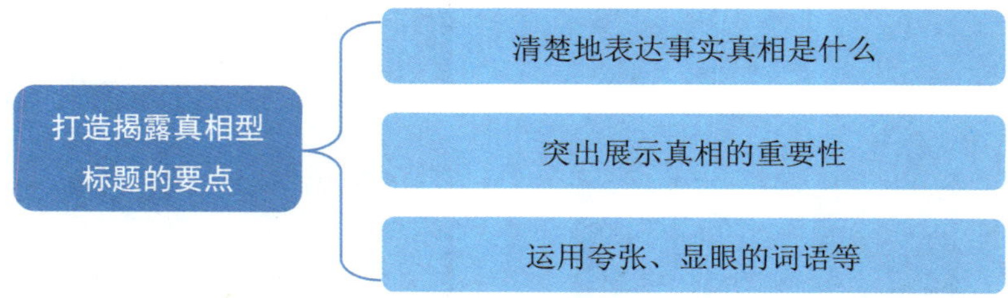

图 6-15　打造揭露真相型标题的要点

揭露真相型标题，最好在标题之中显示出冲突性和巨大的反差，这样可以有效地吸引受众的注意力，使得受众认识到短视频内容的重要性，从而愿意主动浏览，提升点击率。

如图 6-16 所示为揭露真相型的短视频标题，这两个短视频的标题都侧重于揭露事实真相，内容也是侧重于讲解不为人知的新鲜知识，从标题上就做到了先发制人，因此能够有效吸引受众的目光。

6. 悬念型

好奇是人的天性，悬念型标题就是利用人的好奇心来打造的，首先吸引受众的目光，然后提升受众的浏览兴趣。

标题中的悬念是一个诱饵，引导快手和抖音用户查看短视频的内容，因为大部分人看到标题里有没被解答的疑问和悬念，就会忍不住想进一步弄清楚到底是怎么回事。这就是悬念型标题的优势。

悬念型标题在日常生活中运用得非常广泛，也非常受欢迎。人们在看电视、看综艺节目的时候经常会看到一些节目预告之类的广告，这些广告就是采取这种悬念型标题引起观众兴趣的。利用悬念撰写标题的方法通常有四种，如图 6-17 所示。

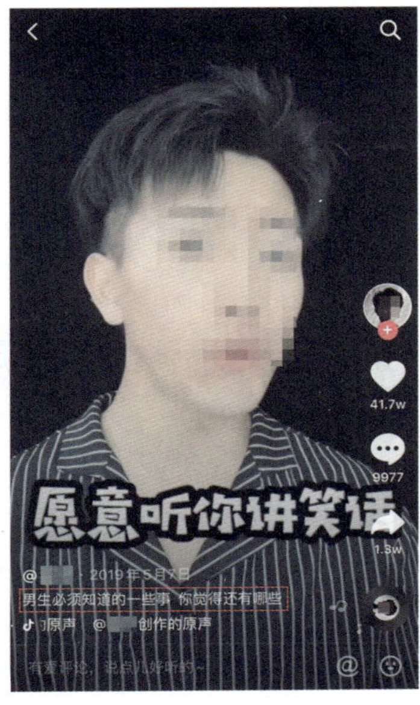

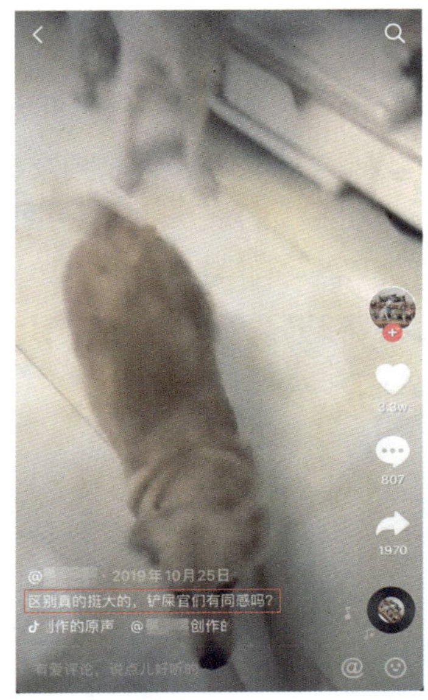

图 6-16　揭露真相型标题

利用悬念撰写标题的常见方法
- 利用反常的现象造成悬念
- 利用变化的现象造成悬念
- 利用用户的欲望造成悬念
- 利用不可思议的现象造成悬念

图 6-17　利用悬念撰写标题的常见方法

悬念型标题的主要目的是为了增加短视频的可看性，因此快手和抖音账号运营者需要注意的一点是，使用这种类型的标题，一定要确保短视频内容确实是能够让用户感到惊奇、充满悬念的，不然就会引起受众的失望与不满，继而就会让用户产生怀疑，影响美誉度。

悬念型标题是快手和抖音账号运营者青睐有加的标题类型之一，它的效果也是有目共睹的。如果不知道怎么取标题，悬念型标题是一个很不错的选择。

悬疑型标题仅仅只是为了制造悬疑，这样一般只能够博取大众大概 1 ~ 3 次眼球，很难保留长时间的效果。如果内容太无趣、无法达到引流的目的，那就

是一篇失败的文案，会导致文案营销活动也随之泡汤。

因此，写手在设置悬念型标题的时候，需要非常慎重，最好是有较强的逻辑性，切忌为了标题“走钢索”，而忽略了文案营销的目的和文案本身的质量。

悬念型标题是运用得比较频繁的一种标题类型，很多短视频都会采用这一标题类型来引起受众的注意，从而达到较为理想的营销效果和传播效果。如图 6-18 所示为悬念型标题的典型案例。

图 6-18 悬念型标题的案例

7. 借势型

借势是一种常用的标题制作手法，借势不仅完全是免费的，而且效果还很理想。借势型标题是指在标题上借助社会上一些事实热点、新闻的相关词汇来给短视频造势，增加点击量。

借势一般都是借助最新的热门事件吸引受众的关注。一般来说，时事热点拥有一大批关注者，而且传播的范围也非常广，快手和抖音短视频标题借助这些时事热点就可以让用户搜索到该短视频，从而吸引用户查看短视频的内容。

那么，在创作借势型标题的时候，应该掌握哪些技巧呢？笔者认为，可以从如图 6-19 所示的三个方面来努力。

2019 年中华人民共和国成立 70 周年之际，引发了国民的爱国热情，并快速引起大量观众对“我和我的祖国”的热议。正是因为这一点，许多抖音账号运营者在标题制作时借助“歌唱我的祖国”这个话题，如图 6-20 所示。

- 打造借势型标题的技巧
  - 时刻保持对时事热点的关注
  - 懂得把握标题借势的最佳时机
  - 将明星热门事件作为标题内容

图 6-19　打造借势型标题的技巧

图 6-20　借助“# 歌唱我的祖国”话题的标题

值得注意的是，在打造借势型标题的时候，要注意两个问题：一是带有负面影响的热点不要蹭，大方向要积极向上，充满正能量，带给受众正确的思想引导；二是最好在借势型标题中加入自己的想法和创意，然后将发布的短视频与之相结合，做到借势和创意的完美结合。

8. 警示型

警示型标题常常通过发人深省的内容和严肃深沉的语调给受众以强烈的心理暗示，从而给用户留下深刻印象。尤其是警示型的新闻标题，常常被很多快手和抖音账号运营者所追捧和模仿。

警示型标题是一种有力量且严肃的标题，也就是通过标题给人以警醒作用，从而引起抖音用户的高度注意。它通常会将以下三种内容移植到短视频标题中，如图 6-21 所示。

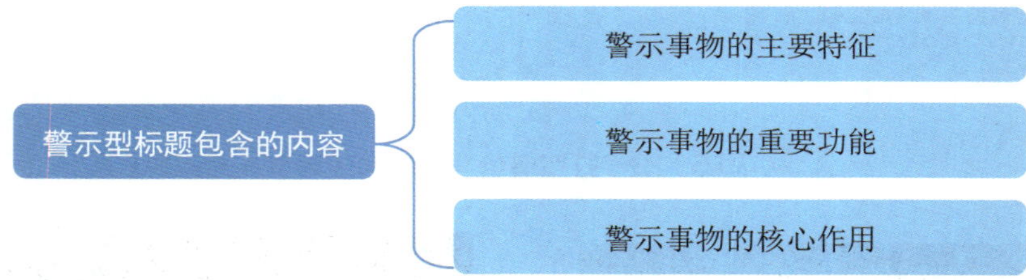

图 6-21　警示型标题包含的内容

那么，警示型标题应该如何构思打造呢？很多人只知道警示型标题能够起到比较显著的影响，容易夺人目光，但具体如何撰写却是一头雾水。笔者在这里想分享三点技巧，如图 6-22 所示。

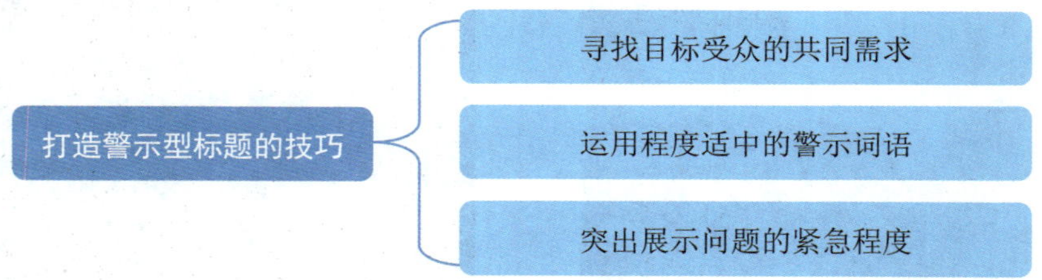

图 6-22　打造警示型标题的技巧

在运用警示型标题时，需要注意运用的短视频是否恰当，因为并不是每一个快手和抖音短视频都可以使用这种类型的标题的。

这种标题形式运用得恰当则能加分，起到其他类型标题无法替代的作用；运用不当的话，很容易让用户产生反感情绪或引起一些不必要的麻烦。因此，短视频账号运营者在使用警示型标题的时候要谨慎小心，要注意用词恰当与否，绝对不能草率行文、不顾内容胡乱取标题。

警示型标题可以应用的场景很多，无论是技巧类的短视频内容，还是供大众娱乐消遣的娱乐八卦新闻，都可以用到这一类型的标题形式。如图 6-23 所示为带有警示型标题的短视频，第一个中的“注意”是关键词，让用户一眼就锁定，从而产生浏览的兴趣；而第二个短视频中的“警惕”，既起到了警示受众的作用，又吸引了受众浏览视频的内容。

选用警示型标题这一标题形式，主要是为了提升用户的关注度，大范围地传播短视频。因为警示的方式往往更加醒目，触及用户的利益，那么可能本来不想看的用户也会点击查看。因为涉及自身利益的事情都是用户最关心的。

图 6-23 警示型标题

6.2 文案内容的基本写作方法

一个好的视频文案，能够快速吸引快手和抖音用户的注意力，让发布它的账号快速增加大量粉丝。那么，如何才能写好短视频文案，做到吸睛、增粉两不误呢？这一节笔者就来为大家介绍文案内容的基本写作方法。

6.2.1 把握文案的文字表达

文案写手是专业的文字工作者，需要一定的文字水平。而要想更高效率、更高质量地完成文案任务，除了掌握写作技巧之外，还需要学会玩转文字，让表达更符合用户的口味。

1. 语义通俗易懂

文字要通俗易懂，能够做到雅俗共赏。这既是文案文字的基本要求，也是在文案创作的逻辑处理过程中写手必须了解的思维技巧之一。

从本质上而言，通俗易懂并不是将文案中的内容省略，而是通过文字组合展示内容，让用户在看到文案之后，便心领神会。如图 6-24 所示为李佳琦的短视频封面文案，这些文案中的文字就特别通俗易懂，让抖音用户一看就能明白短视频将要讲哪方面的内容。

图 6-24　通俗易懂的文案文字

从通俗易懂的角度出发，我们追求的主要是文字所带来的实际效果，而非文学上的知名度。那么，如何让文字获得更好的实际效果呢？快手和抖音账号运营者不妨从以下三个方面进行考虑。

(1) 是否适合要用的媒体。

(2) 是否适合产品的市场。

(3) 是否适合产品的卖点。

2. 删除多余内容

成功的文案往往表现统一，失败的文案则原因众多。在可避免的问题中，文字的多余累赘是失败的主因，其导致的结果主要包括内容毫无意义、文字说服力弱和问题模棱两可等。

解决多余文字最直接的方法就是将其删除，这也是强调与突出关键字句最直接的方法。如图 6-25 所示为某游戏的广告文案，可以看到它便是直接告诉抖音用户该游戏挂机就能赚钱，而没有其他多余的内容。

删除多余的内容对于广告文案来说其实是一种非常聪明的做法。一方面，多余的内容删除之后，重点内容更加突出，用户能够快速把握文案所要传达的意图；另一方面，多余的内容删除之后，内容将变得更加简练，同样的内容能够用更短的时间进行传达，用户不容易产生反感情绪。

图 6-25　某游戏的广告文案

3. 少用专业术语

专业术语是指在特定领域和行业中，对一些特定事物的统一称谓。在现实生活中，专业术语十分常见，如在家电维修业中对集成电路称作 IC；添加编辑文件称作加编；大企业中称行政总裁为 CEO 等。

专业术语的实用性往往不一，但是从文案写作的技巧出发，往往需要将专业术语用更简洁的方式替代。专业术语的通用性比较强，但是文案中往往不太需要。相关的数据研究也显示专业术语并不适合给大众阅读，尤其是在快节奏化的生活中，节省阅读者的时间和精力、提供良好的阅读体验才是至关重要的。

如图 6-26 所示为某计算机广告文案的部分内容，可以看到在这则文案中有一些行外人看不太懂的词汇，如“技嘉 rtx2060 gaming oc pro”“海盗船 8g3000 两根”等。这样就会让一些不太懂行的抖音用户看得一头雾水。

当然，减少术语的使用量并不是不能使用专业术语，而是要控制使用量，并且适当地对专业术语进行解读，让受众知道文案中专业术语表达的意思，把专业内容通俗化。

4. 内容重点突出

文案主题是整个文案的生命线，作为一名文案人员，其主要职责就是设计和突出主题。所以以内容为中心，要花时间用心，确保主题的绝妙性，有一定的真实价值。整个文案的成功主要取决于文案主题的效果。

在任何一个文案中，中心往往是最为醒目的，也是文字较为简洁的，在广告类文案中，甚至只有一句话。如图 6-27 所示的文案主要是向快手用户展示“不会写文案必须收藏的 7 大网站”，所以该视频直接用比较大的字号展示出来，放在了视频画面的上方，让用户一看就能明白。

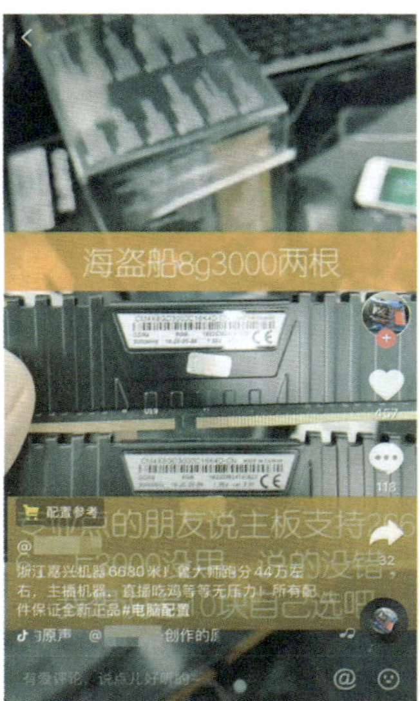

图 6-26　某计算机的广告文案

图 6-27　重点突出的文案

需要注意的是，写手要想突出文案的中心内容，还要提前对相关的受众群体有一个定位，比如一款抗皱能力突出的衬衣，其相关的定位应该从如图 6-28 所示的三个方面入手。

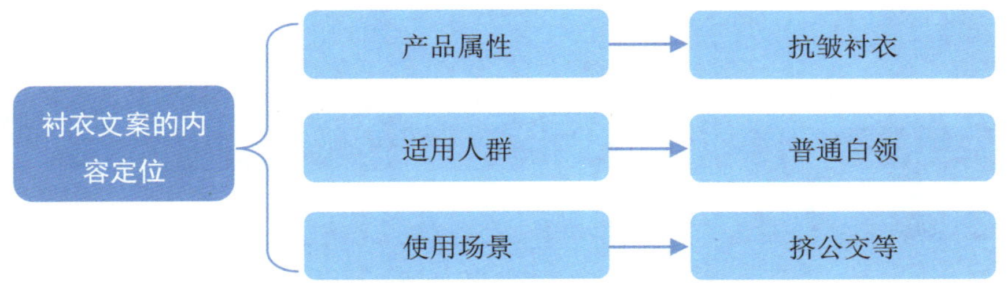

图 6-28　衬衣文案的内容定位

除了醒目的中心内容之外，文案中的重点信息也必须在一开始就传递给受众，但是因为写手能力的不同，文案产生的效果也会有所差异。优秀的文案应该是简洁的，突出重点，适合产品、适合媒介、适合目标群体的，形式上不花哨更不啰唆。

6.2.2　立足定位进行精准营销

精准定位同样属于文案的基本要求之一，每一个成功的广告文案都具备这一特点。如图 6-29 所示为两个女装的广告文案。

图 6-29　女装广告文案

这两个广告文案的成功之处就在于根据自身定位，明确地指出了目标消费者是小个子女生，能够快速吸引大量精准用户的目光。对写手而言，要想做到精准的内容定位，可以从四个方面入手，如图 6-30 所示。

- 精准内容定位的相关分析
  - 简单明了，以尽可能少的文字表达出产品精髓，保证广告信息传播的有效性
  - 尽可能打造精练的广告文案，用于吸引受众的注意力，也方便受众迅速记忆下相关内容
  - 在语句上使用简短文字的形式，更好地表达文字内容，也防止受众产生阅读上的反感
  - 从受众出发，对消费者的需求进行换位思考，并将相关的有针对性的内容直接表现在文案中

图 6-30　精准内容定位的相关分析

6.2.3　个性表达留下深刻印象

形象生动的文案表达，非常适合营造出画面感，从而加深受众的第一印象，让受众看一眼就能记住文案内容。如图 6-31 所示为部分关于手机壁纸的文案，它便是通过壁纸中文字的个性表达来获得用户关注的。

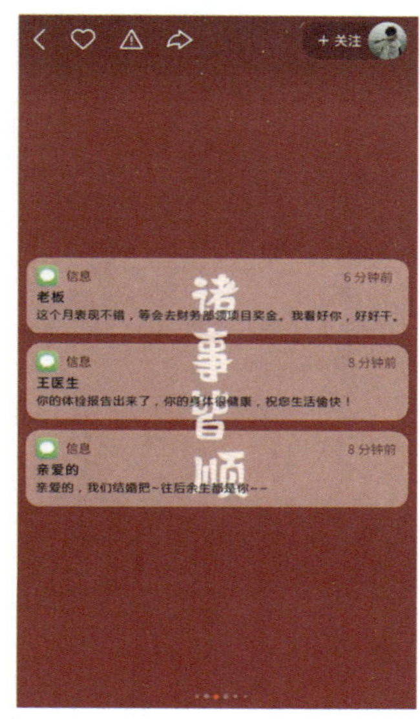

图 6-31　关于手机壁纸的文案

对于文案写手而言，每一个优秀的文案在最初都只是一张白纸，需要创作者不断地添加内容，才能够最终成形。要想更有效地完成任务，就需要对相关的工作内容有一个完整的认识。

而一则生动形象的文案则可以通过清晰的别样表达，在吸引受众关注、快速让受众接收文案内容的同时，激发受众对文案中产品的兴趣，从而促进产品信息的传播和销售。

6.2.4 评论区文案的写作技巧

说到文案，大多数运营者可能更多的是想到短视频的内容文案。其实，除此之外，在短视频的运营过程中还有一个必须重点把握的文案部分，那就是评论区文案。那么，评论区文案的写作有哪些技巧呢？下面笔者就来进行具体分析。

1. 根据视频内容自我评论

短视频文案中能够呈现的内容相对有限，这就有可能出现一种情况，那就是有的内容需要进行一些补充。此时，运营者便可以通过评论区的自我评论来进一步进行表达。另外，在短视频刚发布时，可能看到的用户不是很多，也不会有太多用户进行评论。如果进行自我评论，也能在一定程度上起到提高用户评论短视频的作用。

如图 6-32 所示，抖音账号运营者在发布短视频之后，主动根据视频内容进行自我评价，并且在评价中插入了产品的详情链接。抖音用户只需点击该链接，便可进一步了解视频中产品的相关信息。

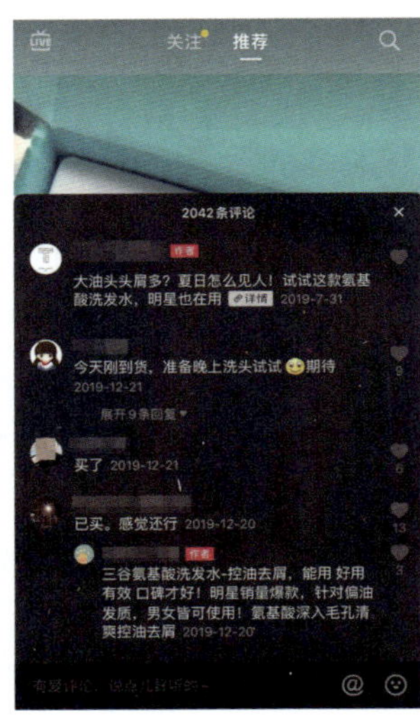

图 6-32　根据视频内容自我评价插入产品信息

2. 通过回复评论引导用户

除了自我评价补充信息之外，抖音账号运营者在创作评论文案时，还需要做好一件事，那就是通过回复评论解决用户的疑问，引导用户的情绪，从而提高产品的销量。

如图 6-33 所示，抖音账号运营者在短视频发布之后，对评论中用户的一些疑问进行了回复。让账号用户明白怎样进行购买、有哪些人群能够用得上等。而疑问得到解答之后，用户的购买需求自然会得到一定的提升。

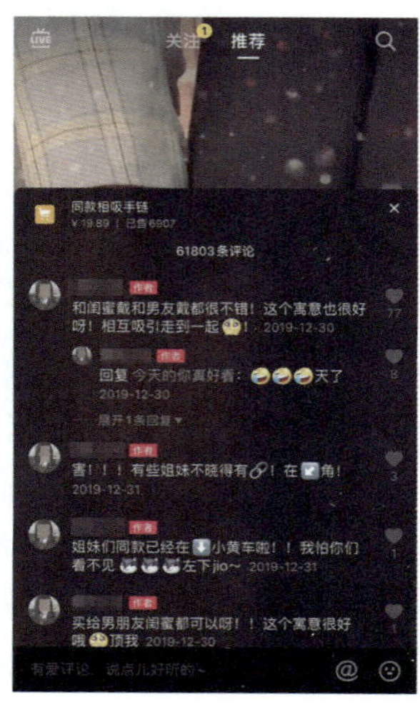

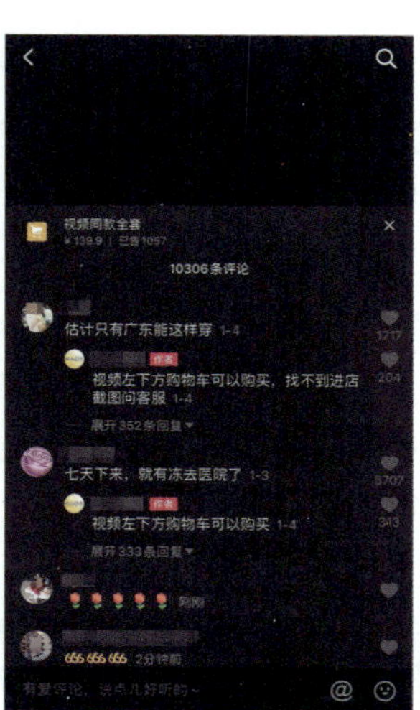

图 6-33　通过回复评论引导用户

3. 回复评论的注意事项

回复视频评论看似是一件再简单不过的事，实则不然。为什么这么说了？这主要是因为在进行评论时还有一些需要注意的事项，具体如下。

1) 第一时间回复评论

快手和抖音账号运营者应该尽可能在第一时间回复用户的评论，这主要有两个方面的好处。一是快速回复用户能够让用户感觉到你对他（她）很重视，这样自然能增加用户对你和你的账号的好感；二是回复评论能够在一定程度上增加短视频的热度，让更多的用户看到你的短视频。

那么，如何做到第一时间回复评论呢？其中一种比较有效的方法就是在短视频发布后的一段时间内，及时查看用户的评论，一旦发现有新的评论，便在第一时间做出回复。

2) 不要重复回复评论

对于相似的问题，或者同一个问题，短视频账号运营者最好不要重复进行回复，这主要有以下两个原因。一是很多用户的评论中或多或少会有一些营销的痕迹，如果重复回复，那么整个评价界面便会看到很多有广告痕迹的内容，而这些内容往往会让用户产生反感情绪。二是相似的问题，点赞量相对较多的问题会排到评论的靠前位置，短视频账号运营者只需对点赞量较多的问题进行回复，其他有相似问题的用户自然就能看到。而且这还能减少评论的回复工作量，节省大量的时间。

3) 注意规避敏感词汇

对于一些敏感的问题和敏感的词汇，短视频账号运营者在回复评论时一定要尽可能地进行规避。当然，如果避无可避，那也可以采取迂回战术，如不对敏感问题做出正面的回答。

6.2.5 文案打造的常见禁区

与硬广告相比，文案不仅可以提供品牌的知名度、美誉度，同时发在门户站点的文案更能增加网站外链，提升网站权重。然而，想要撰写出一个好的文案并非易事，它对写作者的专业知识和文笔工夫有着很高的要求。

不少运营人员和文案编辑人员在创作文案时，往往因为没有把握住文案编写的重点事项而以失败告终。下面就盘点一下文案编写过程中需要注意的四大禁忌事项。

1. 中心不明确

有的文案人员在创作文案时，喜欢兜圈子，可以用一句话表达的意思非要反复强调，不但降低了文章的可读性，还可能会令读者嗤之以鼻。尽管文案是广告的一种，但是它追求的是“润物细无声”，在无形中将所推广的信息传达给目标客户，过度地说空话、绕圈子，会有吹嘘之嫌。

此外，文案的目的是推广，因而每篇文案都应当有明确的主题和内容焦点，并围绕该主题和焦点进行文字创作。然而，有的写手在创作文案时偏离了主题和中心，乱侃一通，导致受众一头雾水，营销力也就大打折扣。

如图 6-34 所示为某运动品牌广告文案的部分内容，笔者只是在原文案的基础上去掉了品牌 LOGO。这个处理后的文案，你能从中看得出这是哪个品牌的营销文案

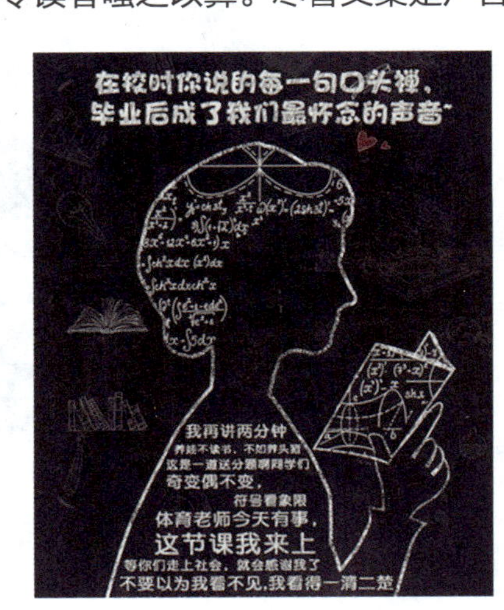

图 6-34　某运动品牌广告文案的部分内容

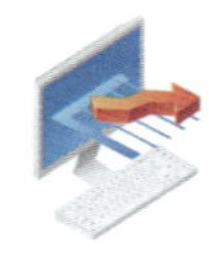

吗？相信绝大部分受众是看不出来的。

广告文案的主要目的是营销，而如果在一个文案中却看不到品牌，也看不到任何营销推广的意图，那么这就是一则中心主题不明确的文案了。

2. 有量没有质

文案相对其他营销方式成本较低，成功的文案也有一定的持久性，一般文案成功发布后就会始终存在，除非发布的那个网站倒闭了。当然始终有效，并不是马上见效，于是有的运营者一天会发几十个文案到门户网站上。

事实上，文案营销并不是靠数量就能取胜的，更重要的还是质量，一个高质量的文案胜过十几个一般的文案。然而事实却是，许多运营者为了保证推送的频率，宁可发一些质量相对较差的文案。

比如，有的快手和抖音账号中，几乎每天都会发布短视频，但是自己的原创内容却很少。而这种不够用心的文案推送策略，所导致的后果往往就是内容发布出来之后却没有多少人看。

除此之外，还有部分快手和抖音账号运营者仅仅将内容的推送作为自己要完成的一个任务，只是想着要按时完成，而不注重内容是否可以吸引到目标用户。甚至有的运营者会将完全相同的视频内容进行多次发布。像这一类视频，质量往往没有保障，并且点击量等数据也会比较低，如图 6-35 所示。

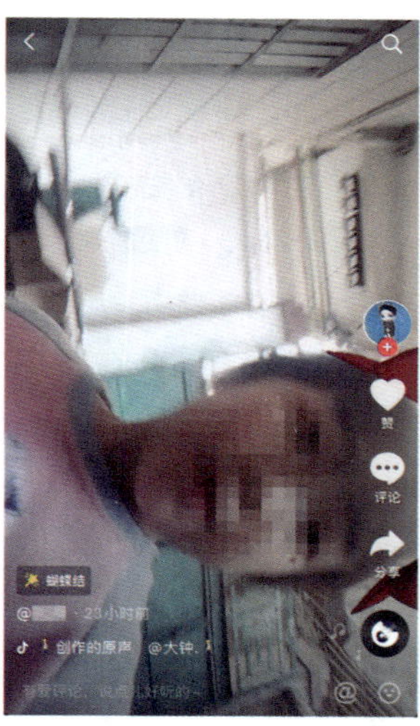

图 6-35　点击量等数据偏低的视频

针对“求量不求质”的运营操作误区，运营者应该怎样避免呢？办法有两个，具体如下。

- 加强学习，了解文案营销的流程，掌握文案撰写的基本技巧。

- 聘请专业的文案营销团队，因为他们不像广告公司和公关公司那样业务范围比较广，他们专注于文案撰写，文案质量很高。

3. 出现各种错误

众所周知，报纸杂志在出版之前，都要经过严格审核，保证文章的正确性和逻辑性，尤其是涉及重大事件或国家领导人，一旦出错就需要追回重印，损失巨大。文案常见的书写错误包括文字、数字、标点符号以及逻辑错误等方面，文案撰写者必须严格校对，防止校对风险的出现。

(1) 文字错误。文案中常见的文字错误为错别字，例如一些名称错误，包括企业名称、人名、商品名称、商标名称等。对于文案尤其是营销文案来说，错别字可能会影响文案的质量。

如图 6-36 所示的短视频文案中，便是将“告状”的“状”字和“透心凉”的“心”字写错了。这很容易让用户觉得短视频文案制作者不够用心。

图 6-36　出现文字错误的文案

(2) 数字错误。参考国家《关于出版物上数字用法的试行规定》《国家标准出版物上数字用法的规定》及国家汉语使用数字有关要求，数字使用有三种情况：一是必须使用汉字，二是必须使用阿拉伯数字，三是汉字和阿拉伯数字都可用，但要遵守“保持局部体例上的一致”这一原则。

例如，“1 年半”应为“一年半”，“半”也是数词，“一”不能改为“1”。再如，“8 月 15 中秋节”应改为“八月十五中秋节”，“大年 30”应为“大年三十”，“丁丑年 6 月 1 日”应改为“丁丑年六月一日”。还有世纪和年代误用汉字数字，如“十八世纪末”“二十一世纪初”应写为“18 世纪末”“21 世纪初”。

此外，较为常见的还有数字丢失，如“中国人民银行 2018 年第一季度社会融资规模增量累计为 5.58 亿元”。我们知道，一个大型企业每年的信贷量都在几十亿元以上，整个国家的货币供应量怎么才“5.58 亿元”？所以，根据推测应该是丢失了“万”字，应为“5.58 万亿元”。

(3) 标点错误。在文案创作中，常见的标点错误包括以下几种。

一是引号用法错误。这是标点符号使用中错得最多的。不少报刊对单位、机关、组织的名称，产品名称、牌号名称都用了引号。其实，只要不发生歧义，名称一般不用引号。

二是书名号用法错误。证件名称、会议名称（包括展览会）不用书名号。但有的报刊把所有的证件名称都用了书名号，不论名称长短，这是不合规范的。

三是分号和问号用法错误。这也是标点符号使用中错得比较多的。主要是单句之间用了分号：不是并列分句，不是“非并列关系的多重复句第一层的前后两部分”，不是分行列举的各项之间，都使用了分号，这是错误的。还有的两个半句，合在一起构成一个完整的句子，但中间也用了分号。有的句子已很完整，与下面的句子并无并列关系，应该用句号却用成了分号，这也是不对的。

(4) 逻辑错误。所谓逻辑错误是指文案的主题不明确，全文逻辑关系不清晰，存在语意与观点相互矛盾的情况。

4. 脱离市场情况

文案，多是关于企业产品和品牌的内容，这些产品和品牌是处于具体市场环境中的产品，其所针对的目标也是处于市场环境的具有个性特色的消费者，因此，不了解具体的产品、市场和消费者情况是行不通的，其结果必然是失败的。

所以，在编写和发布文案时，必须进行市场调研，了解产品情况，才能写出切合实际、能获得消费者认可的文案。在文案编写过程中，应该充分了解产品，具体分析如图 6-37 所示。

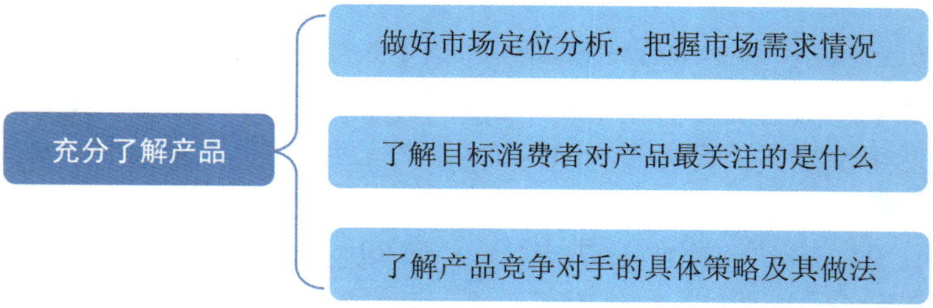

图 6-37　充分了解产品的相关分析

而从消费者方面来说，应该迎合消费者的各种需求，关注消费者感受。营销定位大师特劳特曾说过：“消费者的心是营销的终极战场。”那么文案也要研究消费者的心理需求，具体内容如下。

(1) 安全感。人是趋利避害的，内心的安全感是最基本的心理需求，把产品的功用和安全感结合起来，是说服客户的有效方式。

比如，新型电饭煲的平台销售文案说，这种电饭煲在电压不正常的情况下能够自动断电，能有效防范用电安全问题。这一要点的提出，对于关心电器安全的家庭主妇来说一定是个攻心点。

(2) 价值感。得到别人的认可是一种自我价值实现的满足感。将产品与实现个人的价值感结合起来可以打动客户。脑白金打动消费者的恰恰是满足了他们孝敬父母的价值感。

例如，销售豆浆机的文案可以这样描述：“当孩子们吃早餐的时候，他们多么渴望不再去街头买豆浆，而喝上刚刚榨出来的纯正豆浆啊！当妈妈将热气腾腾的豆浆端上来的时候，看着手舞足蹈的孩子，哪个妈妈会不开心呢？”一种做妈妈的价值感油然而生，会激发为人父母的消费者的购买意念。

(3) 支配感。“我的地盘我做主”，每个人都希望表现出自己的支配权利来。支配感不仅是对自己生活的一种掌控，也是源于对生活的自信，更是文案要考虑的出发点。

(4) 归属感。归属感实际就是标签，你是哪类人，无论是成功人士、时尚青年，还是小资派、非主流，每个标签下的人都要有一定特色的生活方式，他们使用的商品、他们的消费都表现出一定的亚文化特征。

比如，对追求时尚的青年，销售汽车的文案可以写：“这款车时尚、动感，改装也方便，是玩车一族的首选。”对于成功人士或追求成功的人士可以写：“这款车稳重、大方，开出去见客户、谈生意比较得体，也有面子。”

第 7 章

快手引流，运营新手也能变身为网红达人

学前提示

每个运营新手都想成长为运营高手，甚至是通过账号的运营变身网红达人。而一个人从默默无闻到变成快手网红达人，其中一个关键就是通过引流推广，快速积累粉丝，增强自身影响力。

那么，如何做好快手引流呢？笔者个人认为可以从快手平台内部和其他平台分别进行引流推广。

要点展示

- 快手平台内部引流法
- 通过其他平台引流增粉

7.1 快手平台内部引流法

快手短视频自媒体已经是发展的一个大趋势，影响力日益增大，其平台用户也越来越多。对于快手这个聚集大量流量的地方，快手账号运营者肯定是不可能放弃的。那么，快手账号运营者又该怎么在快手平台上引流呢？

7.1.1 通过话题标签引流

话题标签引流，这种方式抖音和快手都有，它最大的作用是开发商业化产品，快手平台运用了“模仿”这一运营逻辑，实现了品牌最大化的营销诉求。

当然，参加话题挑战的关键就在于找到合适的话题。那么，如何找到合适的话题呢？笔者个人认为有两种方法：一种是从热门内容中选择话题，另一种是在刷视频的过程中选择合适的话题。

1. 从热门内容中选择话题

快手账号运营者可以进入快手搜索界面，查看“热榜”内容，然后选择其中的某项内容，如图 7-1 所示。操作完成后，进入该内容的“标签”界面，选择对应的标签，如图 7-2 所示。

图 7-1 快手搜索界面

图 7-2 某内容的“标签”界面

进入该话题标签界面，其中会出现与该话题标签相关的“热门”和“最新”短视频，如图 7-3 所示。快手账号运营者只需点击某个视频，便可以进入该视频播放界面，查看相关视频的内容，如图 7-4 所示。

快手账号运营者可以根据该话题中相关视频的内容，总结经验，然后据此打造带有话题标签的视频，从而提高自身内容的吸引力，增强内容的引流推广能力。

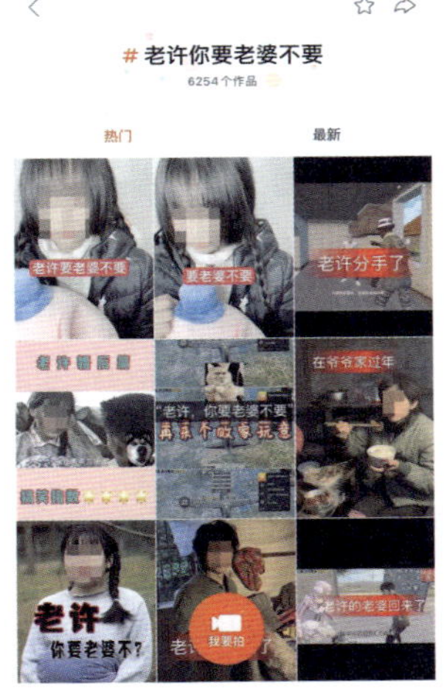

图 7-3　话题标签界面

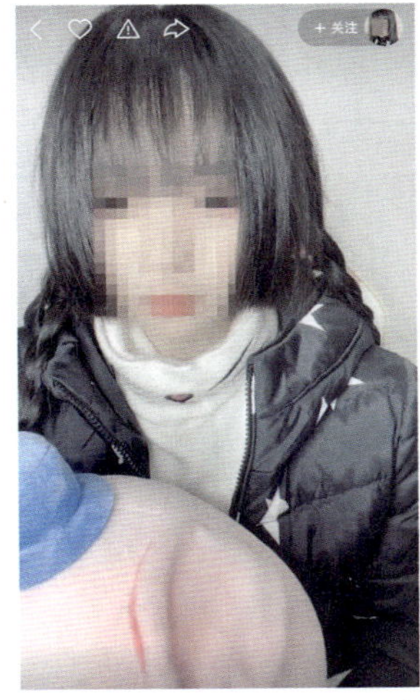

图 7-4　查看对应的视频

2. 在刷视频的过程中选择话题

有的视频中会带有话题标签，快手账号运营者如果想打造相关视频，只需点击对应的话题标签即可。例如，在如图 7-5 所示的快手界面中，点击“# 峡谷闹新春”话题标签，便可进入如图 7-6 所示的视频模板界面。

图 7-5　点击话题标签

图 7-6　视频模板界面

选择对应的视频模板，点击“使用此模板制作”按钮，进入如图 7-7 所示的“最近项目”中，选择需要的内容，点击“选好了”按钮。

视频拍摄、剪辑完成后，进入视频发布界面，在输入栏中输入话题标签；点击下方的“发布”按钮，如图 7–8 所示。

图 7–7 “最近项目”界面

图 7–8 视频发布界面

视频发布之后，会出现在“关注”界面中，如图 7–9 所示。快手账号运营者点击查看该视频，如果视频下方出现了话题标题，就说明话题标签视频打造成功了，如图 7–10 所示。

图 7–9 出现发布的视频

图 7–10 话题标签视频打造成功

从数据来看，这种引流营销模式是非常可观的，那么，参加快手挑战赛需要注意的规则有哪些呢？主要是以下三点。

(1) 在挑战赛中，快手账号运营者越少露出品牌，越贴近日常挑战内容话题文案，播放量越可观。

(2) 对于快手账号运营者而言，首发视频可模仿性越容易，全民的参与度才会越高，才能更轻松地引流。

(3) 快手参加挑战赛，快手的信息流会为品牌方提供更多的曝光量，带去更多的流量，以及通过流量可以累积粉丝、沉淀粉丝和更容易被用户接受等一些附加价值。

7.1.2 矩阵号打造引流

快手矩阵是指通过同时做不同的账号运营，来打造一个稳定的粉丝流量池。道理很简单，将自己的内容进行分类，将同一风格、不同内容的视频组建成不同的账号，通过账号之间的互动来达到引流吸粉目的，如图 7-11 所示。

图 7-11　矩阵账号示例

不得不说，快手矩阵的好处很多。

1) 展现品牌

首先可以全方位地展现品牌特点，扩大影响力。

2) 内部引流

还可以形成链式传播来进行内部引流，大幅度提升粉丝数量。

3) 团队管理高效便捷

通过矩阵账号，分工合作明显，提高了团队运营、管理和激励的效率。

4) 宣传激励和扶持

主账号可以根据其他号及其作品的表现，打通粉丝头条和 DSP 投放，挑选优秀内容进行定向扶持。

5) 广告投放

可以完善账号广告投放链条，互相影响，加速视频和广告的传播。

7.1.3 账号互推引流

通过爆款大号互推的方法，即快手账号之间进行互推，也就是两个或者两个以上的快手账号运营者，双方或者多方之间达成协议，进行粉丝互推，达到共赢的目的。

相信大家在很多快手账号中，曾见到过某一个快手账号会专门拍一个视频给一个或者几个快手账号进行推广的情况，这种推广算得上是快手账号互推了。这两个或者多个快手账号的运营者会约定好有偿或者无偿为对方进行推广，能很快见到效果。

运营者在采用快手账号互推吸粉引流的时候，需要注意的一点是，找的互推快手账号平台类型尽量不要与自己的平台是一个类型的，因为这样运营者之间会存在一定的竞争关系。

两个互推的快手账号之间尽量以存在互补性为佳。举个例子，你的快手账号是卖健身用品的，那么选择互推时，就应该先考虑找那些推送减肥教程的快手账号，这样获得的粉丝才是有价值的。

快手账号之间互推是一种快速涨粉的方法，它能够帮助快手账号在短时间内获得大量的粉丝，效果十分可观。

7.1.4 快手直播引流

在互联网商业时代，流量是所有商业项目生存的根本，谁可以用最少的时间获得更高更有价值的流量，谁就有更大的变现机会。

真人出镜的要求比较高，首先你需要克服心理压力，表情要自然和谐，同时最好有超高的颜值或才艺基础。因此，真人出镜通常适合一些“大 V”打造真人 IP，积累一定数量粉丝后，就可以通过接广告、代言来实现 IP 变现。

对于一般的普通人，在通过短视频或直播引流时，也可以采用“无人物出镜”的形式。这种方式的粉丝增长速度虽然比较慢，但可以通过账号矩阵的方式来弥补，以量取胜。下面就来介绍“无人物出镜”的具体操作方法。

1. 真实场景 + 字幕说明

发布的短视频可以通过真实场景演示和字幕说明相结合的形式，将自己的观点全面地表达出来，这种拍摄方式可以有效地避免人物的出现，同时又能够将内容完全展示出来，非常接地气，自然能够得到大家的关注和点赞。

2. 游戏场景 + 主播语音

大多数快手用户看游戏类直播，重点关注的可能还是游戏画面，因此，这一类直播直接呈现游戏画面即可。另外，一个主播之所以能够吸引快手用户观看直播，除了本身过人的操作之外，语言表达也非常关键。因此，游戏场景 + 主播语音就成为许多主播的重要直播形式。如图 7-12 所示的两个直播采取的便是这种直播形式。

图 7-12　游戏场景 + 主播语音的直播形式

3. 图片 + 字幕（配音）

发布的视频内容都是一些关于抖音、微信、微博营销的专业知识，很多短视频作品都是采用“图片 + 字幕（配音）”的内容形式。

4. 图片演示 + 音频直播

通过“图片演示 + 音频直播”的内容形式，可以与学员实时互动交流。用户可以在上下班路上、休息间隙、睡前、地铁上、公交上、上厕所、边玩 App 边听课程分享，节约宝贵的时间，带来更好的体验。

7.1.5 内容造势引流

虽然一个企业或个人在平台上的力量有限，但这并不能否定其内容的传播影响力。要想让目标群体全方位地通过内容了解产品，比较常用的方法就是为内容造势。

1. 传播轰动性信息

快手账号运营者给受众传递轰动、爆炸式的信息，借助公众人物来为短视频造势，兼具轰动性和颠覆性，能够立刻吸引用户的目光。

在这个媒体泛滥的年代，想要从众多新颖的视频内容中脱颖而出，就要制造一定的噱头，用语出惊人的方式吸引受众的目光。

2. 总结性的内容

扣住“十大”就是典型的总结性内容之一。所谓扣住“十大”，就是指在标题中加入“十大”之类的词语，例如《电影中五个自带BGM出场的男人》《2018年十大好电影推荐》等。这种类型的视频标题的主要特点就是传播率广、在网站上容易被转载和容易产生一定的影响力。

3. 自制条件造势

除了可以借势外，在推广内容时还可以采用自我造势的方式，来获得更多的关注，产生更大的影响。任何内容运营推广，都需要两个基础条件，即足够多的粉丝数量和与粉丝之间拥有较为紧密的关系。

快手账号运营者只要紧紧地扣住这两点，通过各种活动为自己造势，增加自己的曝光度，就能获得很多粉丝。为了与这些粉丝保持紧密关系，运营者可以通过各种平台经常发布内容，还可以策划一些线下的活动，就这样，通过自我造势带来轰动，引发观众围观。

总的来说，自我造势能够让消费者清晰地识别并唤起他们对产品的联想，并进行消费，可见其对内容运营推广的重要性。

7.1.6 拍同框视频引流

当我们看到有趣的视频，或者看到某位知名人士发布的快手视频时，可以拍同框视频，借助原有视频或某位知名人士进行引流。所谓拍同框，就是指在一个视频的基础上，再拍摄另一个视频，然后这两个视频会分别在屏幕的左右两侧同时呈现。接下来笔者就来对快手拍同框视频的具体操作进行简要的说明。

步骤 01 点击查看需要拍同框的快手视频，点击播放页面上方的 ➦ 按钮，如图 7-13 所示。

步骤 02 操作完成后，弹出“分享至”对话框，点击对话框中的“一起拍同框”按钮，如图 7-14 所示。

步骤 03 进入快手短视频拍摄界面，画面左侧会出现你拍摄的视频内容，右侧则是原视频的画面，如图 7-15 所示。

步骤 04 短视频拍摄完成后，即可发布至快手短视频平台。如果发布成功后，短视频分两个部分呈现内容，就说明拍同框视频操作成功了，如图 7-16 所示。

图 7-13　点击↗按钮

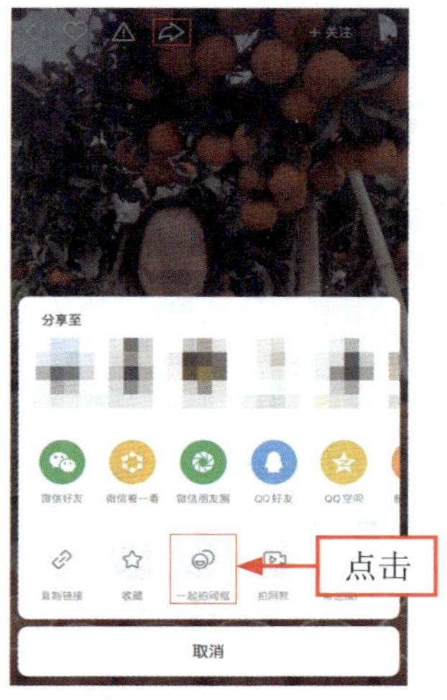

图 7-14　点击“一起拍同框”按钮

图 7-15　快手短视频拍摄界面

图 7-16　拍同框视频成功

7.1.7　拍同款视频引流

快手短视频平台的拍同框视频，实际上是拍同款背景音乐的短视频，快手运营者如果觉得某个短视频的背景音乐很适合自己要拍摄的短视频内容，便可以借助拍同框功能，借助原视频的背景音乐更好地打造视频内容，更好地为视频进行引流。具体来说，快手拍同款视频的具体操作如下所述。

步骤 01 点击查看需要拍同款的快手视频，点击播放页面上方的↗按钮，如图 7-17 所示。

步骤 02 操作完成后，弹出“分享至”对话框，点击对话框中的“拍同款”按钮，如图 7-18 所示。

图 7-17　点击➪按钮

图 7-18　点击“拍同款”按钮

步骤 03 进入快手短视频拍摄界面，界面左上方会出现原视频的画面，其他部分显示的是当前的拍摄画面，如图 7-19 所示。

步骤 04 短视频拍摄完成后，即可发布至快手短视频平台。发布成功后，如果视频播放画面下方出现了原背景音乐的名称，就说明拍同款视频操作成功了，如图 7-20 所示。

图 7-19　快手短视频拍摄界面

图 7-20　拍同款视频成功

7.1.8 作品推广引流

快手短视频发布之后，快手账号运营者可以通过快手的作品推广功能为视频进行引流。所谓作品推广，实际上就是通过向快手官方支付一定金额的方式，让快手平台将你的短视频推送给更多的快手用户。那么，快手作品推广功能要如何使用呢？接下来笔者就来介绍具体的操作步骤。

步骤 01 登录快手短视频 App，点击“发现”界面左上方的☰按钮，操作完成后，弹出快手菜单栏。点击菜单栏中的账号头像，进入如图 7-21 所示的快手个人主页界面。

步骤 02 选择需要进行作品推广的短视频，进入如图 7-22 所示的短视频播放界面。点击视频播放界面中的⊙按钮；在弹出的对话框中选择“作品推广”选项，如图 7-22 所示。

图 7-21 快手个人主页

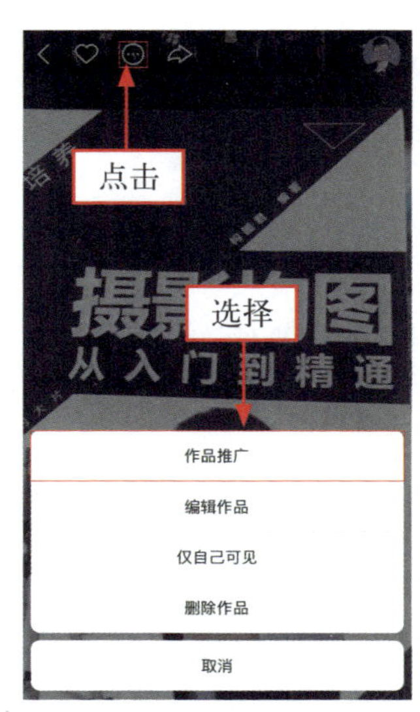

图 7-22 选择“作品推广”选项

步骤 03 进入如图 7-23 所示的“作品推广”界面，快手账号运营者可以根据推广目的，在“把作品推广给更多人”和“推广给粉丝”之间进行选择。

以“把作品推广给更多人”为例，快手账号运营者只需点击“作品推广”界面中的“把作品推广给更多人”按钮，即可进入如图 7-24 所示的“推广给更多人”界面。在该界面中，快手账号运营者可以对期望增加的数据、投放人群、投放时长、投放页面和投放金额等内容进行选择。选择完成后，只需支付对应的快币，便可完成作品推广的投放设置。

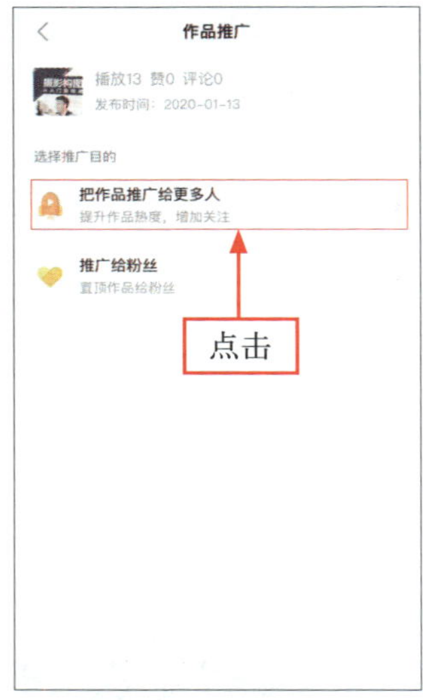

图 7-23 “作品推广”界面

图 7-24 “推广给更多人”界面

7.2 通过其他平台引流增粉

除了在快手内进行引流之外，快手运营者还可以通过跨平台引流，实现内容的广泛传播，获取更多的目标用户。这一节笔者就来重点介绍快手运营者需要重点把握的四大引流平台。

7.2.1 微信引流

微信平台引流主要可以从三个方面进行，一是微信聊天引流，二是朋友圈引流，三是公众号引流。下面笔者就分别进行说明。

1. 微信聊天引流

微信聊天功能既是一个重要的沟通工具，也是一个引流推广的渠道。在快手短视频平台中开设了分享功能，快手运营者可以利用该功能将短视频直接发送至微信聊天界面，从而达到引流推广的目的，具体操作步骤如下。

步骤 01 在快手短视频平台中，进入需要分享的快手短视频播放界面。点击播放界面中的按钮；操作完成后，弹出“分享至”对话框，点击对话框中的“微信好友”按钮，如图 7-25 所示。

步骤 02 进入微信的“选择一个聊天”界面，在该界面中点击需要分享的对象，如图 7-26 所示。

图 7-25　点击“微信好友”按钮

图 7-26　点击需要分享的对象

步骤 03 操作完成后，弹出“发送给”对话框，点击对话框中的“发送”按钮，如图 7-27 所示。

步骤 04 操作完成后，微信聊天界面中如果出现快手分享链接，就说明快手视频分享成功了，如图 7-28 所示。分享对象只需点击快手链接便可进入快手短视频平台，播放对应的视频，从而达到了引流推广的目的。

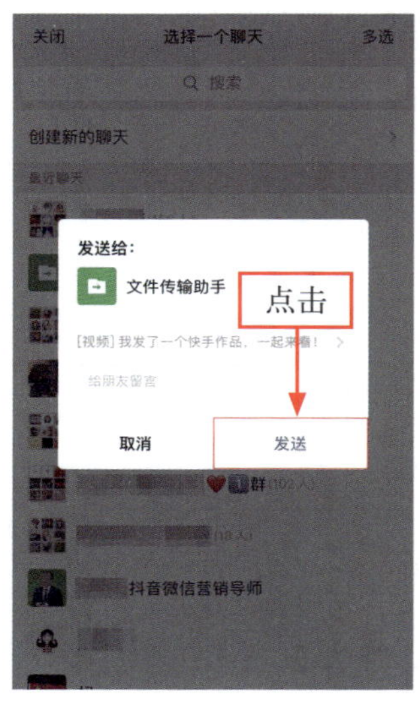

图 7-27　点击“发送”按钮

图 7-28　出现快手分享链接

2. 朋友圈引流

朋友圈这一平台，对于快手运营者来说，虽然它一次传播的范围较小，但是从对接收者的影响程度来说，却是具有其他一些平台无法比拟的优势，具体如下。

(1) 用户黏性强，很多人每天都会去翻阅朋友圈。

(2) 朋友圈好友间的关联性、互动性强，可信度高。

(3) 朋友圈用户多，覆盖面广，二次传播范围大。

(4) 朋友圈内转发和分享方便，易于短视频内容传播。

那么，在朋友圈中进行短视频推广，快手运营者该注意什么呢？在笔者看来，有三个方面是需要重点关注的，具体分析如下。

(1) 快手运营者在拍摄视频时要注意开始拍摄时画面的美观性。因为推送到朋友圈的视频，是不能自主设置封面的，它显示的就是开始拍摄时的画面。当然，运营者也可以通过视频剪辑的方式保证推送视频“封面”的美观度。

(2) 快手运营者在推广短视频时要做好文字描述。因为一般来说，呈现在朋友圈中的短视频，好友看到的第一眼就是其“封面”，没有太多的信息能让受众了解该视频内容，因此，在短视频之前，要把重要的信息放上去，如图 7–29 所示。这样的设置，一来有助于受众了解短视频，二来设置得好，可以吸引受众点击播放。

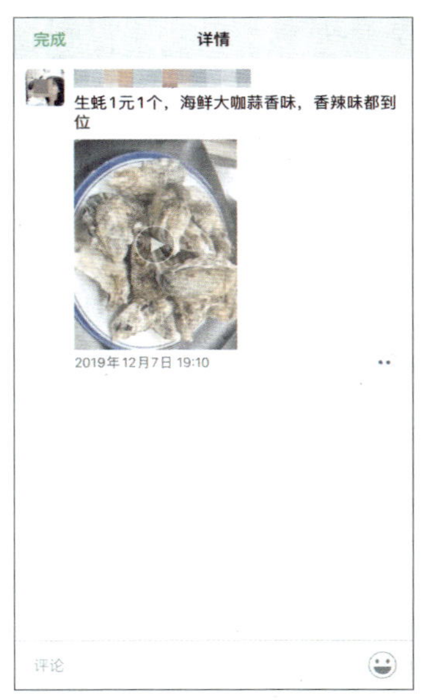

图 7–29 做好重要信息的文字表述

(3) 快手运营者利用短视频推广商品时要利用好朋友圈评论功能。朋友圈中的文本如果字数太多，是会被折叠起来的，为了完整地展示信息，运营者可以将重要信息放在评论里进行展示，如图 7-30 所示。这样就会让浏览朋友圈的人看到推送的有效文本信息。这也是一种比较明智的推广短视频的方法。

图 7-30　利用好朋友圈的评论功能

3. 公众号引流

微信公众号，从某一方面来说，就是一个个人、企业等主体进行信息发布并通过运营来提升知名度和品牌形象的平台。快手运营者如果要选择一个用户基数大的平台来推广短视频内容，且期待通过长期的内容积累构建自己的品牌，那么微信公众平台是一个理想的传播平台。

在微信公众号上，快手运营者如果进行快手视频和快手账号的推广，可以采用多种方式来实现。既可以在微信公众号中展示快手号的基本信息，也可以在微信公众号文章中插入快手短视频。如图 7-31 所示便是以插入快手短视频的方式进行推广的。

不管采用哪一种形式，都是能清楚地说明短视频内容和主题思想的推广方式。且在借助短视频进行推广时，也并不局限于某一个短视频的推广，如果快手运营者打造的是有着相同主题的短视频系列，还可以把视频组合在一篇文章中联合推广，这样更有助于受众了解短视频及其推广主题。

图 7-31　在微信公众号中插入快手短视频

7.2.2　QQ 引流

腾讯 QQ 有两大推广利器，一是 QQ 群；二是 QQ 空间。我们先来看看 QQ 群如何做推广引流。

无论是微信群还是 QQ 群，如果没有进行设置“消息免打扰”的话，群内任何人发布信息，群内其他人都会收到提示信息。因此，与朋友圈和微信订阅号不同，通过微信群和 QQ 群推广短视频，可以让推广信息直达受众，受众关注和播放的可能性也就更大。

且微信群和 QQ 群内的用户都是基于一定目标、兴趣而聚集在一起的，因此，如果运营者推广的是专业类的视频内容，那么可以选择这一类平台。

另外，相对于微信群需要推荐才能加群而言，QQ 群明显更易于添加和推广。目前，QQ 群分出了许多热门分类，抖音账号运营者可以通过查找同类群的方式加入进去，然后再通过短视频进行推广。QQ 群推广方法主要包括 QQ 群相册、QQ 群公告、QQ 群论坛、QQ 群共享、QQ 群动态和 QQ 群话题等。

就如利用 QQ 群话题来推广短视频，运营者可以通过相应人群感兴趣的话题来引导 QQ 群用户的注意力。如在摄影群里，可以首先提出一个摄影人士普遍感觉比较有难度的摄影场景，引导大家评论，然后运营者再适时地分享一个能解决这一摄影问题的短视频。这样的话，有兴趣的人一定不会错过。

QQ 空间是短视频运营者可以充分利用的一个好地方。当然，运营者首先应该建立一个昵称与快手短视频运营账号相同的 QQ 号，这样才能更有利于积攒人气，吸引更多人前来关注和观看。下面就为大家具体介绍七种常见的 QQ 空间推广方法，具体如下。

(1) QQ 空间链接推广：利用“小视频”功能在 QQ 空间发布快手短视频，让 QQ 好友点击查看。

(2) QQ 认证空间推广：订阅与产品相关的人气认证空间，更新动态时可以马上评论。

(3) QQ 空间生日栏推广：通过“好友生日”栏提醒好友，引导好友查看你的动态信息。

(4) QQ 空间日志推广：在日志中放入快手短视频账号的相关资料，更好地吸引受众的关注度。

(5) QQ 空间说说推广：QQ 签名同步更新至说说上，用一句有吸引力的话激起受众的关注。

(6) QQ 空间相册推广：很多人加 QQ 都会查看相册，所以，相册也是一个很好的引流工具。

(7) QQ 空间分享推广：利用分享功能分享快手短视频信息，好友点击标题即可进行查看。

7.2.3　微博引流

在微博平台上，运营者进行短视频推广，除了微博用户基数大之外，主要还是依靠两大功能来实现其推广目标的，即“@”功能和热门话题。

首先，在进行微博推广的过程中，“@”这个功能非常重要。在博文里可以“@”明星、媒体、企业，如果媒体或名人回复了你的内容，就能借助他们的粉丝扩大自身的影响力。若明星在博文下方评论，则会受到很多粉丝及微博用户关注，那么短视频定会被推广出去。

图 7-32 所示为快手通过“@”某明星来做宣传推广的案例。

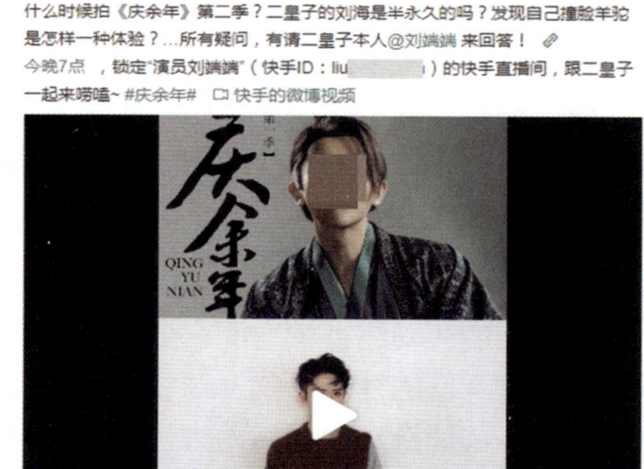

图 7-32　快手通过 @ 某明星吸引用户关注的案例

其次，微博“热门话题”

是一个制造热点信息的地方，也是聚集网民数量最多的地方。快手运营者要利用好这些话题，推广自己的短视频，发表自己的看法和感想，提高浏览量。

7.2.4 百度引流

作为中国网民经常使用的搜索引擎之一，百度毫无悬念地成为互联网 PC 端强劲的流量入口。具体来说，抖音账号运营者借助百度推广引流主要可从百度百科、百度知道和百家号这三个平台切入。接下来笔者分别对这三个方面进行解读。

1. 百度百科

百科词条是百度百科营销的主要载体，做好百科词条的编辑对快手运营者来说至关重要。百科平台的词条信息有多种分类，但对于快手运营者引流推广而言，主要的词条形式包括四种，具体如下。

(1) 行业百科。快手运营者可以以行业领头人的姿态，参与行业词条信息的编辑，为想要了解行业信息的用户提供相关行业知识。

(2) 企业百科。快手运营者所在企业的品牌形象可以通过企业百科进行表述，例如：奔驰、宝马等汽车品牌在这方面就做得十分成功。

(3) 特色百科。特色百科涉及的领域十分广阔，例如，名人可以参与自己相关词条的编辑。

(4) 产品百科。产品百科是消费者了解产品信息的重要渠道，能够起到宣传产品，甚至是促进产品使用和产生消费行为等作用。

对于快手运营者引流推广而言，相对比较合适的词条形式无疑便是企业百科和特色百科了。如果是以企业形式运营的快手号，可以通过百度百科对企业的相关信息进行介绍，并将百度用户引流至快手平台，变成企业快手号的粉丝。而以个人形式运营的快手号，则可以利用个人的名气，创建个人特色百科。

如图 7-33 所示为百度百科中关于“李佳琦”的相关内容，其采用的便是特色百科的形式。通过该词条，百度用户可以更清楚地了解李佳琦的相关信息。需要进一步了解李佳琦的百度用户，甚至会去查看李佳琦的快手视频，这便很好地起到了引流推广的作用。

2. 百度知道

百度知道在网络营销方面，具有很好的信息传播和推广作用，利用百度知道平台，通过问答的社交形式，对快手运营者快速、精准地定位客户有很大帮助。百度知道在营销推广上具有两大优势：精准度和可信度高。这两大优势能形成口碑效应，对网络营销推广来说显得尤为珍贵。

通过百度知道来询问或作答的用户，通常对问题涉及的东西有很大兴趣。比如，有的用户想要了解“有哪些饮料比较好喝”，部分饮料爱好者可能就会推荐自己喜欢的饮料品牌，提问方通常也会接受推荐去试用。

图 7-33 “李佳琦”的企业百科

百度知道是网络营销的重要方式，因为它的推广效果相对较好，能为企业带来直接流量和有效的外接链。基于百度知道而产生的问答营销，是一种新型的互联网互动营销方式，问答营销既能为快手运营者植入软性广告，同时也能通过问答来推广潜在用户。如图 7-34 所示为关于“李子柒”的相关问答信息。

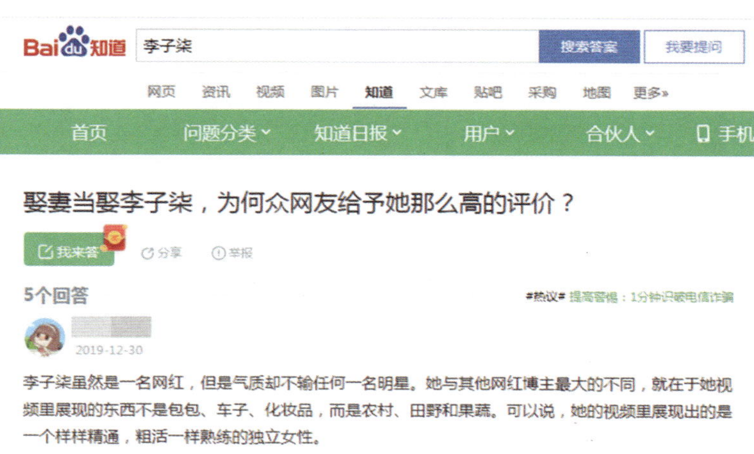

图 7-34 “李子柒”在百度知道中的相关问答信息

通过上面这个问答信息，不仅增加了“李子柒”在用户心中的知名度，更重

要的是对李子柒的相关情况进行了简要介绍，让“娶妻当娶李子柒”这种观念深入人心。而看到该问答之后，部分用户便会对李子柒产生兴趣，这在无形之中便为李子柒的快手账号带来了一定的流量。

3. 百家号

百家号是百度旗下的一个自媒体平台，于 2013 年 12 月正式推出。快手运营者入驻百度百家平台后，可以在该平台上发布文章，然后平台会根据文章阅读量的多少给予运营者收入，与此同时百家号还以百度新闻的流量资源作为支撑，帮助快手运营者进行视频和快手号的推广。

百家号上涵盖的新闻有五大模块，即科技、影视娱乐版、财经版、体育版和文化版。且百度百家平台排版十分清晰明了，用户在浏览新闻时非常方便。在新闻模块的左边是该模块的最新新闻，右边是该模块新闻的相关作家和文章排行。

值得一提的是，除了对品牌和产品进行宣传之外，快手运营者还可以通过内容的发布，从百家号上获得一定的收益。总的来说，百家号的收益主要来自于三大渠道，具体如下。

(1) 广告分成：百度投放广告盈利后采取分成形式。

(2) 平台补贴：包括文章保底补贴和百 + 计划、百万年薪作者的奖励补贴。

(3) 内容电商：通过内容中插入商品所产生的订单量和分佣比例来计算收入。

第 8 章

抖音引流，从零开始迅速积累百万粉丝

学前提示

对于抖音运营者来说，要获取可观的收益，关键就在于获得足够的流量。那么，抖音运营者要如何实现快速引流、从零开始聚集百万粉丝呢？

这一章笔者将从抖音引流的基本技巧、抖音引流的具体方法入手，帮助大家快速聚集大量用户，实现品牌和产品的高效传播。

要点展示

- 抖音引流的基本技巧
- 抖音引流的具体方法

8.1 抖音引流的基本技巧

抖音引流有一些基本的技巧，掌握这些技巧之后，抖音运营者的引流推广效果将变得事半功半。这一节笔者就来对几种抖音基本引流技巧分别进行解读。

8.1.1 利用抖音推荐算法机制

抖音运营者发布的每一条内容，抖音审核员都可以看得到。另外，抖音平台会根据抖音视频的推荐基数（根据浏览人数、点赞和评论比例等数据设置的一个基础值）、视频播放量、点赞量、评论量、转发量、账号的资料完整度和认证情况等进行权重的计算，然后按照得分排序，决定审核的顺序。视频审核之后，会根据审核结果决定视频的推荐量。

抖音有着自己的推荐算法机制，如图 8-1 所示。如果抖音运营者想在一个平台上成功吸粉，首先就要了解这个平台的爱好，知道它喜欢什么样的内容，排斥什么样的内容。抖音运营者在抖音发布作品后，抖音平台对于作品会有一个审核过程，其目的就是筛选优质内容进行推荐，同时杜绝垃圾内容的展示。

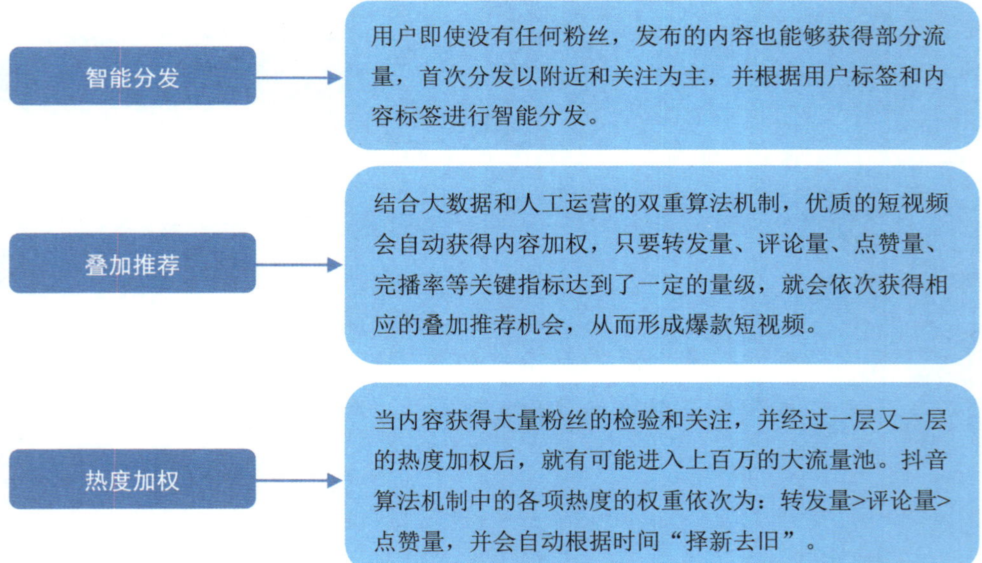

图 8-1 抖音的推荐算法机制

8.1.2 添加话题增加内容热度

话题相当于是视频的一个标签。部分抖音用户在查看一个视频时，会将关注的重点放在查看视频添加的话题上，还有部分抖音用户在查看视频时，会直接搜索关键词或话题。

因此，如果抖音电商运营者能够在视频的文字内容中添加一些话题，便能起到不错的引流作用。在笔者看来，抖音账号运营者在视频中添加话题时可以重点把握以下两个技巧。

(1) 尽可能多地加入一些与视频中商品相关的话题，如果可以的话，可以在话题中指出商品的特定使用人群，增强营销的针对性。

(2) 尽可能以推荐的口吻编写话题，让抖音用户觉得你不是在推销商品，而是在向他们推荐实用的好物。

如图 8-2 所示的两个案例中，便很好地运用了上述两个技巧。不仅加入的与视频中商品相关的话题，而且话题和文字内容中营销的痕迹也比较轻。

图 8-2　积极添加话题增强视频热度

8.1.3　抛出诱饵吸引目标受众

人都是趋利的，当看到对自己有益处的东西时，人们往往都会表现出极大的兴趣。抖音账号运营者可以借助这一点，通过抛出一定的诱饵来达到吸引目标受众眼球的目的。

如图 8-3 所示的两个案例中，便是通过优惠的价格向目标受众抛出诱饵的方式，来达到引流推广的目的的。

图 8-3　抛出诱饵吸引目标受众的眼球

8.1.4　多多发送抖音视频内容

抖音用户为什么要关注你，成为你的粉丝？笔者认为除了账号中相关人员的个人魅力之外，另一个很重要的原因就是抖音用户可以从你的账号中获得他们感兴趣的内容。

当然，部分粉丝关注你的账号之后，可能会时不时地查看账号内的内容。如果你的账号很久都不更新内容，部分粉丝可能会因为看不到新的内容、账号内的内容对他的价值越来越低而选择取消关注。

因此，对于抖音运营者来说，多发送一些用户感兴趣的内容非常关键。这不仅可以增强粉丝的黏性，还能吸引更多的抖音用户成为你的粉丝。如图 8-4 所示，手机摄影构图大全便是通过发送用户感兴趣的内容进行引流的。

图 8-4　发送用户感兴趣的内容

8.2　抖音引流的具体方法

互联网变现的公式是：流量 = 金钱。因此只要你有了流量，变现就不再是难题。而如今的抖音，就是一个坐拥庞大流量的平台。用户只要运用一些小技巧，就可以吸引到相当大的一部分流量，有了流量，可以帮你更快地做好各种项目。

8.2.1 SEO 引流

SEO 是 Search Engine Optimization 的英文缩写，中文译为“搜索引擎优化”。它是指通过对内容的优化获得更多流量，从而实现自身的营销目标。所以说起 SEO，许多人首先想到的可能就是搜索引擎的优化，如百度平台的 SEO。其实，SEO 不只是搜索引擎独有的运营策略，抖音短视频同样是可以进行 SEO 优化的。比如，我们可以通过对抖音短视频的内容运营，实现内容霸屏，从而让相关内容获得快速传播。

抖音短视频 SEO 优化的关键就在于视频关键词的选择。而视频关键词的选择又可细分为两个方面，即关键词的确定和使用。

1. 视频关键词的确定

用好关键词的第一步就是确定合适的关键词。通常来说，关键词的确定主要有以下两种方法。

1) 根据内容确定关键词

什么是合适的关键词？笔者认为，它首先应该是与抖音号的定位以及短视频内容相关的。否则，抖音用户即便看到了短视频，也会因为内容与关键词不对应而直接滑过，而这样一来，选取的关键词也就没有太多积极意义了。

2) 通过预测选择关键词

除了根据内容确定关键词之外，还需要学会预测关键词。抖音用户在搜索时所用的关键词可能会呈现阶段性的变化。具体来说，许多关键词都会随着时间的变化而具有不稳定的升降趋势。因此，抖音账号运营者在选取关键词之前，需要先预测用户搜索的关键词，下面笔者从两个方面分析介绍如何预测关键词。

社会热点新闻是人们关注的重点，当社会新闻出现后，会出现一大波新的关键词，搜索量高的关键词就叫热点关键词。

因此，抖音账号运营者不仅要关注社会新闻，还要会预测热点，抢占最有力的时间预测出热点关键词，并将其用于抖音短视频中。下面笔者介绍一些预测热点关键词的方法，如图 8-5 所示。

除此之外，即便搜索同一类物品，抖音用户在不同的时间段选取的关键词仍有可能会有一定的差异性。也就是说，抖音用户在搜索关键词的选择上可能会呈现出一定的季节性。因此，抖音运营者需要根据季节性，预测用户搜索时可能会选取的关键词。

值得一提的是，关键词的季节性波动比较稳定，主要体现在季节和节日两个方面，如用户在搜索服装类内容时，可能会直接搜索包含四季名称的关键词，即春装、夏装等；节日关键词会包含节日名称，即春节服装、圣诞装等。

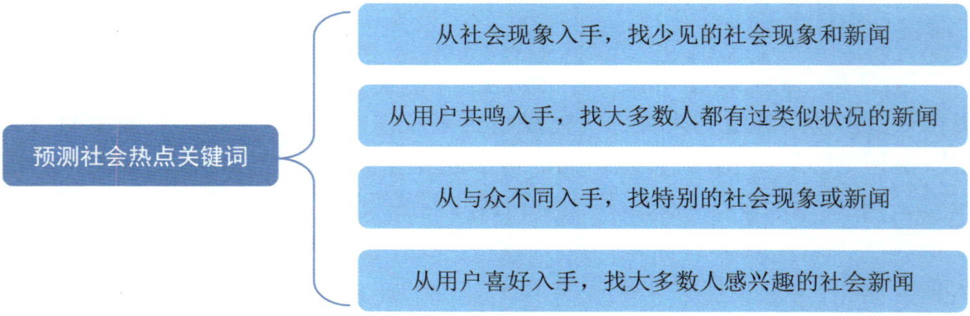

图 8-5　预测社会热点关键词

季节性的关键词预测还是比较容易的，抖音运营者除了可以从季节和节日名称上进行预测，还可以从以下几个方面进行预测，如图 8-6 所示。

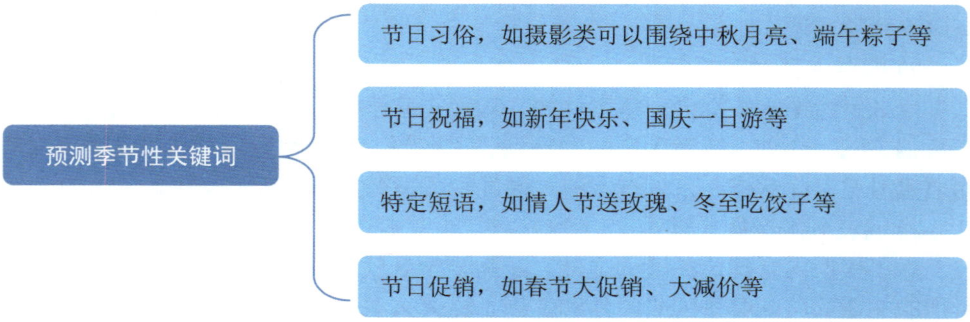

图 8-6　预测季节性关键词

2. 视频关键词的使用

在添加关键词之前，抖音账号运营者可以通过查看朋友圈动态、微博热点等方式，抓取近期的高频词汇，将其作为关键词嵌入抖音短视频中。

需要特别说明的是，运营者统计出近期出现频率较高的关键词后，还需了解关键词的来源，只有这样才能让关键词用得恰当。

除了选择高频词汇之外，抖音运营者还可以通过在抖音号介绍信息和短视频文案中增加关键词使用频率的方式，让内容尽可能地与自身业务直接联系起来，从而给抖音用户一种专业的感觉。

8.2.2　视频引流

视频引流可以分两种方式进行：一是原创视频引流，二是搬运视频引流。接下来笔者就分别进行说明。

1. 原创视频引流

抖音账号运营者可以把制作好的原创短视频发布到抖音平台，同时在账号资料部分进行引流，如昵称、个人简介等地方，都可以留下联系方式，如图 8-7 所示。

注意，不要在其中直接标注“微信”两个字，可以用拼音简写、同音字或其他相关符号来代替。用户的原创短视频的播放量越大，曝光率越大，引流的效果也就会越好。

抖音上的年轻用户偏爱热门和创意有趣的内容，同时在抖音官方介绍中，抖音鼓励的视频是：场景、画面清晰；记录自己的日常生活，内容健康向上，多人类、剧情类、才艺类、心得分享、搞笑等多样化内容，不拘于一个风格。抖音账号运营者在制作原创短视频内容时，一定要记住这些原则，让作品获得更多推荐。

图 8-7 在账号资料部分进行引流

2. 搬运视频引流

抖音账号运营者可以通过微视、西瓜视频、快手、火山小视频以及秒拍等短视频平台，将其中的内容搬运到抖音平台，具体方法如下所述。

步骤 01 先打开去水印视频解析网站，然后打开要搬运的视频，并把要搬运视频的地址放到解析网站的方框内，然后点击“解析视频”按钮，解析完成后即可下载，从而得到没有水印的视频文件。如图 8-8 所示，为抖音短视频解析下载网站。

步骤 02 然后用格式工厂或 inshot 视频图片编辑软件，对视频进行剪辑和修改，改变视频的 MD5 值，即可得到“伪原创”的视频文件。

步骤 03 最后把这个搬运来的视频上传到抖音，同时在抖音账号的资料部分进行引流，以便粉丝添加。

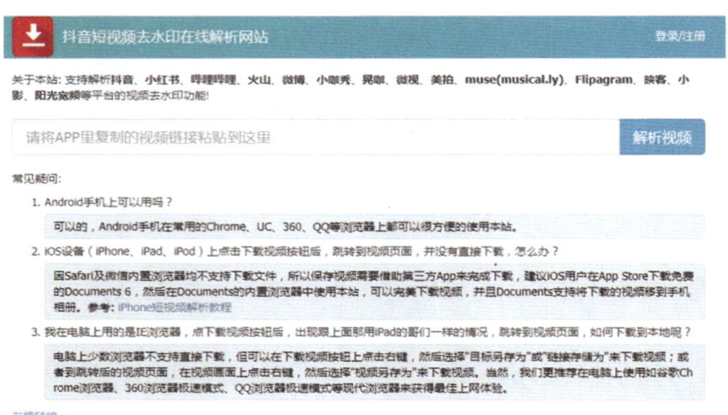

图 8-8　抖音短视频解析下载网站

8.2.3　硬广引流

硬广引流法是指在短视频中直接进行产品或品牌展示。建议抖音运营者购买一个摄像棚，将平时朋友圈发的反馈图全部整理出来，然后制作成照片电影来发布视频，如减肥的前后效果对比图、美白的前后效果对比图等。

例如，OPPO 的抖音官方账号便联合其手机代言人肖战进行了硬广引流，如图 8-9 所示。

图 8-9　OPPO 联合代言人肖战进行硬广引流

8.2.4 直播引流

直播对于抖音运营者来说意义重大，一方面，抖音运营者可以通过直播销售商品，获得收益；另一方面，直播也是一种有效的引流方式。只要抖音用户在直播过程中点击关注，抖音用户便会自动成为抖音账号的粉丝。

如图 8-10 所示，在某个电商直播中，抖音用户只需要点击界面左上方账号名称和头像所在的位置，界面中便会弹出一个账号详情对话框。如果抖音用户点击对话框中的“关注”按钮，原来“关注”按钮所在的位置将显示“已关注”。此时，抖音用户便通过直播关注了该直播所在的抖音账号。

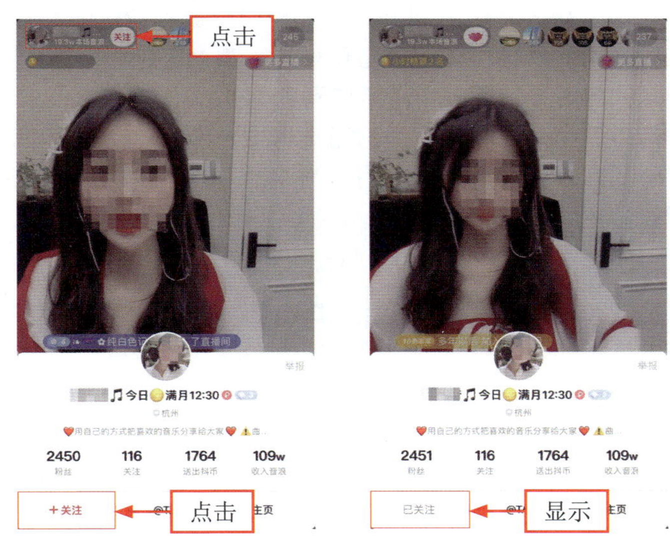

图 8-10 通过直播关注抖音账号

除此之外，抖音用户在直播界面中还有一种更方便的关注方法，那就是直接点击直播界面左上方的“关注”按钮。

8.2.5 评论引流

许多抖音用户在看抖音视频时，会习惯性地查看评论区的内容。再加上抖音用户如果觉得视频内容比较有趣，还可以通过 @ 抖音账号，吸引其他抖音用户前来观看该视频。因此，如果抖音用户的评论区利用得当，便可以起到不错的引流效果。

抖音视频文案中能够呈现的内容相对有限，这就有可能出现一种情况，那就是有的内容需要进行补充。此时，抖音运营者便可以通过评论区的自我评论来进行进一步表达。另外，在短视频刚发布时，可能看到视频的抖音用户不是很多，也不会有太多抖音用户评论。如果此时抖音用户进行自我评论，也能在一定程度上起到提高视频评论量的作用。

除了自我评价补充信息之外，抖音运营者还可以通过回复评论解决抖音用户的疑问，引导抖音用户的情绪，从而提高产品的销量。

回复抖音评论看似是一件再简单不过的事，实则不然。为什么这么说呢？这主要是因为在进行抖音评论时还有一些需要注意的事项，具体如下。

1. 第一时间回复评论

抖音运营者应该尽可能在第一时间回复抖音用户的评论，这主要有两个方面的好处：一是快速回复抖音用户能够让抖音用户感觉到你对他（她）很重视，这样自然能增加抖音用户对你和你的抖音账号的好感；二是回复评论能够在一定程度上增加短视频的热度，让更多抖音用户看到你的短视频。

那么，如何做到第一时间回复评论呢？其中一种比较有效的方法就是在短视频发布的一段时间内，及时查看抖音用户的评论。一旦发现有新的评论，便在第一时间做出回复。

2. 不要重复回复评论

对于相似的问题，或者同一个问题，抖音运营者最好不要重复进行回复。这主要有两个原因：一是很多抖音用户的评论中或多或少会有一些营销的痕迹，如果重复回复，那么整个评价界面便会看到很多有广告痕迹的内容，而这些内容往往会让抖音用户产生反感情绪。

二是点赞相对较高的问题会排到评论的靠前位置，抖音运营者只需对点赞较高的问题进行回复，其他有相似问题的抖音用户自然就能看到。而且这样做还能减少评论的回复工作量，节省大量的时间。

3. 注意规避敏感词汇

对于一些敏感的问题和敏感的词汇，抖音运营者在回复评论时一定要尽可能地进行规避。当然，如果避无可避也可以采取迂回战术，如不对敏感问题做出正面的回答、用其他一些意思相近的词汇或用谐音代替敏感词汇。

8.2.6 矩阵引流

抖音矩阵就是通过多个账号的运营进行营销推广，从而增强营销的效果，获取稳定的流量池。抖音矩阵可分为两种：一种是个人抖音矩阵，即某个抖音运营者同时运营多个抖音号，组成营销矩阵；另一种是多个具有联系的抖音运营者组成一个矩阵，共同进行营销推广。

例如，柒阿姨便是借助抖音矩阵打造了多个用户，且每个抖音号都拥有一定数量的粉丝，如图 8–11 所示。

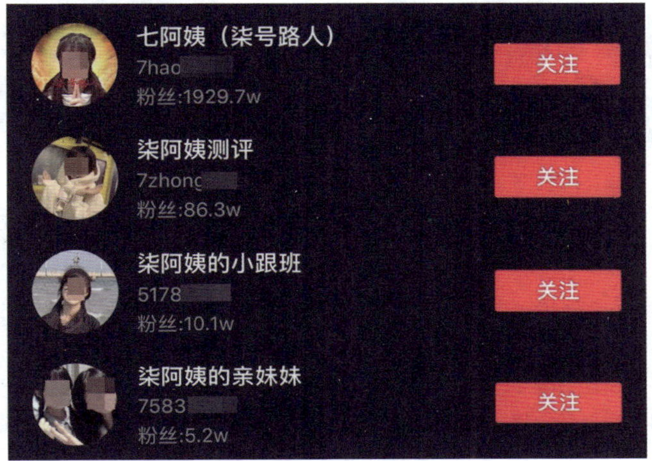

图 8–11　柒阿姨的抖音矩阵打造

8.2.7　互推引流

互推就是互相推广的意思。大多数抖音号在运营过程中，都会获得一些粉丝，只是对于许多抖音用户来说，粉丝量可能并不是很多。此时，抖音运营者便可以通过与其他抖音号进行互推，让更多抖音用户看到你的抖音号，从而提高抖音号的传播范围，让抖音号获得更多的流量。

在抖音平台中，互推的方法有很多，其中比较直接有效的一种互推方式就是在视频文案中互相 @，让抖音用户看到相关视频之后，就能看到互推的账号。

个人号互推技巧如下。

(1) 不建议找那些有大量互推的账号。

(2) 尽量找高质量、强信任度的个人号。

(3) 从不同的角度去策划互推内容，多测试。

(4) 提升对方账号展示自己内容的频率。

如图 8–12 所示为祝晓晗和老丈人说车发布的两条视频，可以看到这两条视频就是通过使用 @ 功能进行互推的。再加上老丈人说车这个抖音号又是祝晓晗的父亲运营的，因此，这两个账号之间具有很强的信任度，互推的频率也可以进行把握。所以，这两个账号的互推通常能获得不错的效果。

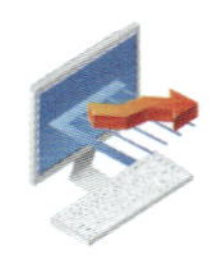

图 8-12　账号互推

企业号互推技巧如下。

(1) 关注合作账号基本数据的变化，如播放量、点赞量、评论转发量等。

(2) 找与自己内容相关的企业号，以增加用户的精准程度。

(3) 互推的时候要资源平等，彼此能够获得相互的信任背书。

随着抖音在人们生活中出现的频率越来越高，它不仅仅是一个短视频社交工具，也成了一个重要的商务营销平台，通过互推，别人的人脉资源也能很快成为你的人脉资源，长久下去，互推会极大地拓宽你的人脉圈。有了人脉，还怕没生意吗?

8.2.8　分享引流

抖音中有分享转发功能，抖音账号运营者可以借助该功能，将抖音短视频分享至对应的平台，从而达到引流的目的。那么，如何借助抖音的分享转发功能引流呢？接下来，笔者就对具体的操作步骤进行说明。

步骤 01 登录抖音短视频 App，进入需要转发的视频的播放界面，点击➦按钮，如图 8-13 所示。

步骤 02 操作完成后，弹出“私信给”对话框。在该对话框中，抖音账号运营者可以选择转发分享的平台。下面，以转发给微信好友为例进行说明。此时，抖音账号运营者需要做的就是点击对话框中的“微信好友”按钮，如图 8-14 所示。

步骤 03 操作完成后，播放界面中将显示短视频“正在保存到本地”，如图 8-15 所示。

步骤 04 短视频保存完毕后，将弹出“以保存至相册”对话框，点击对话框中的“继续分享到微信”按钮，如图 8-16 所示。

图 8-13 点击按钮

图 8-14 点击“微信好友”按钮

图 8-15 显示短视频“正在保存到本地”

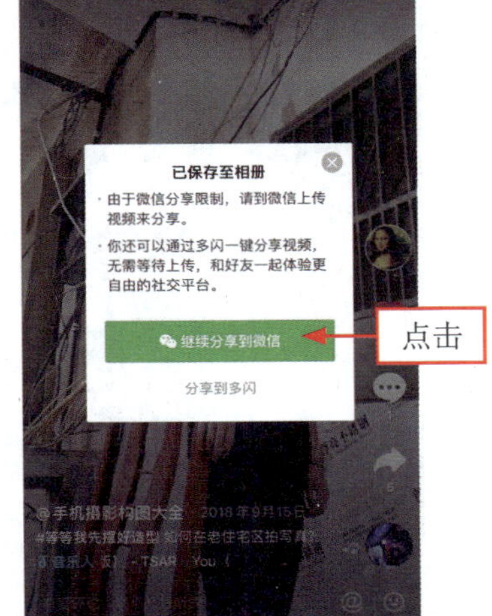

图 8-16 弹出“已保存至相册”对话框

步骤 05 进入微信 App，选择需要转发短视频的对象，如图 8-17 所示。

步骤 06 进入微信聊天界面，点击⊕按钮；在弹出的对话框中选择“照片”选项，如图 8-18 所示。

图 8-17　选择需要转发短视频的对象

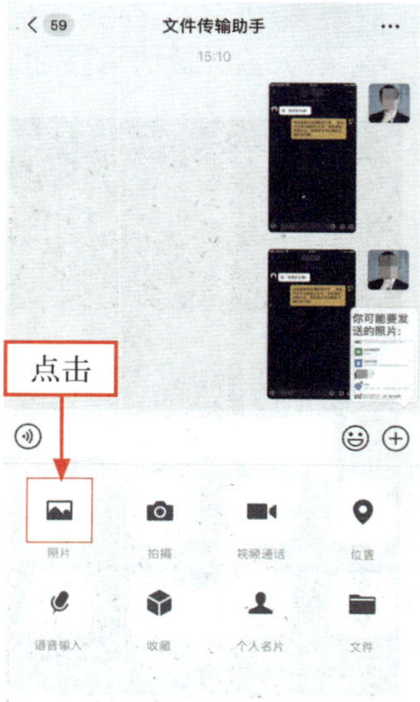

图 8-18　选择“照片”选项

步骤 07 进入“所有照片”界面，选择需要转发的抖音短视频；点击“发送”按钮，如图 8-19 所示。

步骤 08 操作完成后，如果微信聊天界面中显示需要转发的抖音短视频，就说明抖音短视频转发成功了，如图 8-20 所示。

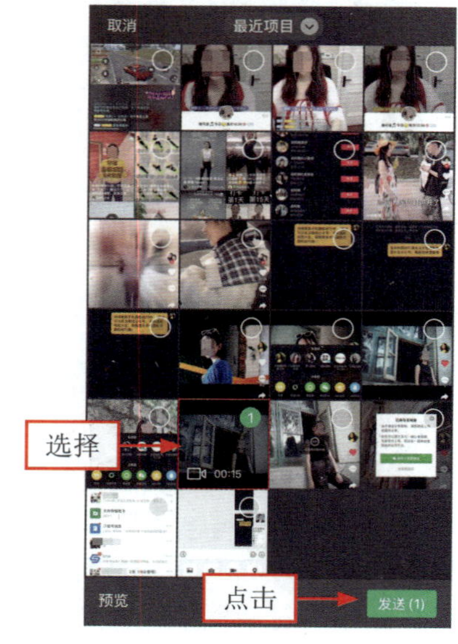

图 8-19　“所有照片”界面

图 8-20　显示需要转发的短视频

抖音短视频转发完成后，微信好友只需点击微信聊天界面中的短视频，便可以在线播放短视频。如图 8-21 所示为微信中抖音短视频的播放界面，可以看到，短视频播放时会显示抖音号。微信好友如果对分享的短视频感兴趣，想获取更多短视频，可以搜索抖音号查看其他短视频，这便很好地起到了引流的作用。

图 8-21　微信中抖音短视频的播放界面

8.2.9　邮件引流

邮件引流，指的是将视频通过邮件的方式分享给特定的好友。使用这种方式推广，更加具有针对性，能实现一对一的视频交流，确保了视频的保密性和安全性。

关于短视频的电子邮件推广，在很多短视频 App 上都可以完成，在此以抖音为例，介绍如何一键分享短视频的操作，具体过程如下。

步骤 01 在短视频页面，点击➦按钮，如图 8-22 所示。弹出“分享到”窗格，点击“更多分享”按钮，如图 8-23 所示。

步骤 02 执行操作后，跳转到相应的窗格，点击“邮件”按钮，如图 8-24 所示；进入“Mail”页面，如图 8-25 所示，登录邮箱并设置相关信息，即可完成短视频的分享和推广操作。

将视频通过邮件的方式发送给亲朋好友。虽然针对性强，能准确地将视频发送给想要发送的人，但是，已经发出去的邮件是无法撤回的，即使自己将它删除，别人依然能收到。所以，抖音电商运营者在通过邮件发送视频的时候，一定要认真仔细地选择好收件人。

图 8-22　点击按钮

图 8-23　点击“更多分享”按钮

图 8-24　点击“邮件”按钮

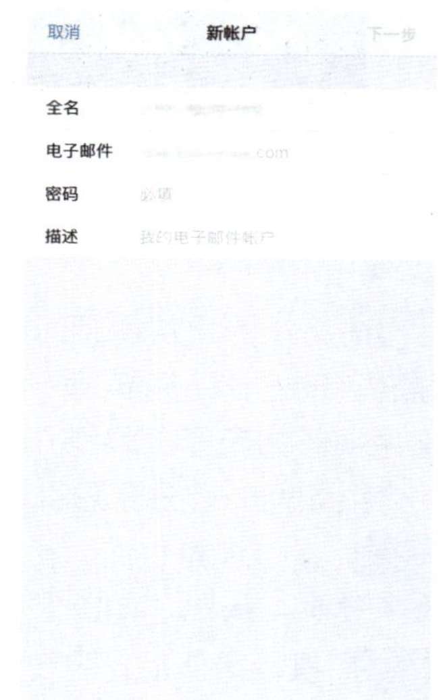

图 8-25　登录邮箱并设置相关信息

8.2.10　私信引流

抖音支持“发信息”功能，一些粉丝可能会通过该功能给用户发信息，用户可以时不时看一下，并利用私信进行引流，有需要的甚至可以直接引导抖音用户加微信号、微信公众号等，将抖音用户变成你的私域流量，如图 8-26 所示。

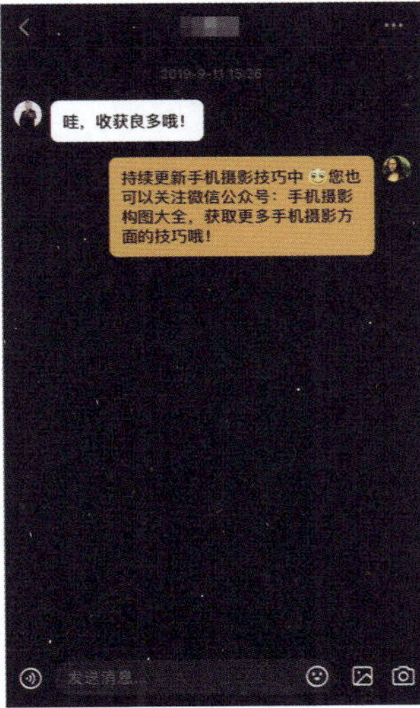

图 8-26　利用抖音私信消息进行引流

第 9 章

快手变现，多种方法轻松实现年入百万

学前提示

为什么要做快手运营呢？对于这个问题，许多人最直接的想法可能就是借助快手进行变现，赚到一桶金。

确实，快手是一个潜力巨大的市场。但是，它同时也是一个竞争激烈的市场。所以，要想在快手中年赚上百万，快手运营者还必须掌握一些实用的变现技巧。

要点展示

- 直播变现
- 电商变现
- 粉丝变现
- 其他变现方式

9.1 直播变现

在当下互联网时代，主播这个行业门槛低、变现快，没有固定的时间，很多人开始入驻各种 App 直播。在快手上，不乏专业团队包装和运营的职业主播，也有不少跃跃欲试、缺少经验的快手运营者。那么，对于这些直播新玩家而言，他们又通过哪些方式在这个竞争激烈的行业占有一席之地，获取流量并变现呢?

9.1.1 直播礼物

大多数直播都只是一种娱乐，在很多人看来就是在玩。但是，你必须承认的是，只要主播能力强，玩得转，玩着玩着就能把钱给赚了。因为主播们可以通过直播获得粉丝的打赏，而打赏的这些虚拟礼物又可以直接兑换成钱。

如图 9-1 所示为两个快手游戏直播的相关画面，可以看到其中便有一些快手用户送出了礼物。

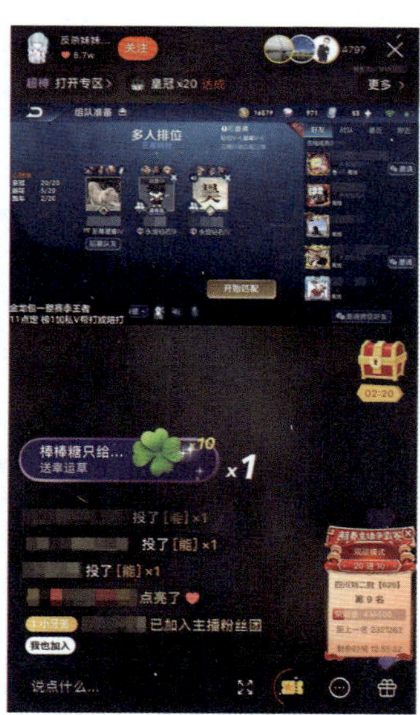

图 9-1　快手游戏直播画面

大多数短视频平台的礼物都需要花钱购买，然而快手却有些不同。快手用户可以根据在线查看直播的时间，点击直播间的百宝箱，在“每日百宝箱”对话框中领取对应的快币，如图 9-2 所示。

领取快币之后，快手用户还可以将快币兑换成猫粮，作为礼物送给主播，从而提高直播间的热度，如图 9-3 所示。

图 9-2　领取快币

图 9-3　快币兑换礼物送给主播

9.1.2　直播卖货

快手运营者可以在直播间插入一些商品，通过直播卖货来获取收益。通常来说，插入了商品的直播间下方都会出现按钮，如图 9-4 所示。快手用户只需点击该按钮，直播界面中便会弹出出售的商品，如图 9-5 所示。

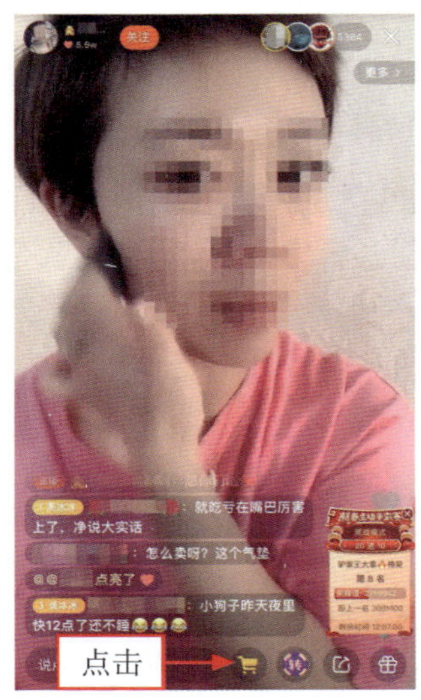

图 9-4　插入了商品的直播间

图 9-5　弹出出售的商品

如果快手用户需要购买某件商品，只需点击该商品后方的“去看看”按钮，便可进入如图 9–6 所示的商品详情界面。点击商品详情界面中的“去购买”按钮，并选择商品的购买数量等信息，便可进入如图 9–7 所示的商品下单界面。

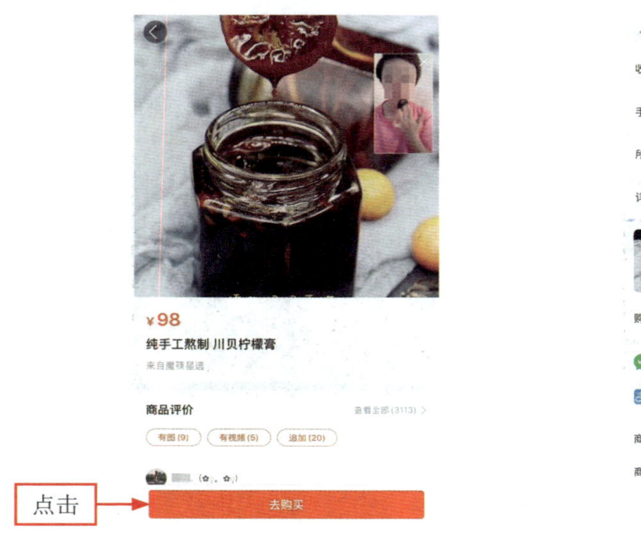

图 9–6　商品详情界面

图 9–7　商品下单界面

快手用户只需点击商品下单界面中的“提交订单”按钮，并支付对应的金额，便可完成商品下单。而快手用户下单之后，快手运营者便可以借助商品的销售，获得对应的收益，实现变现目标。

9.2　电商变现

对于快手运营者来说，快手最直观、最有效的盈利方式当属销售商品或提供服务进行电商变现了。借助快手平台销售产品或服务，只要有销量，就有收入。具体来说，用产品或服务进行电商变现主要有四种形式，这一节笔者将分别进行解读。

9.2.1　视频购物

快手运营者可以在视频中插入商品链接，让快手用户点击链接购买商品，从而通过视频购物进行变现。

在如图 9–8 所示的视频播放界面的左下角有一个🛒按钮，点击该按钮便会弹出商品链接卡片。快手用户只需点击商品链接卡片，便可直接进入如图 9–9 所示的“商品详情”界面。

图 9-8　点击按钮

图 9-9　“商品详情”界面

如果快手用户需要购买该商品，可以点击商品详情界面中的“立即购买”按钮，操作完成后，弹出商品购买选择对话框，如图 9-10 所示。商品购买选择完成后，点击“立即购买”按钮，即可进入如图 9-11 所示的“确认订单”界面。

图 9-10　商品购买选择

图 9-11　“确认订单”界面

快手用户填写订单信息，点击“提交订单”按钮，并支付对应的金额，便可完成下单操作。而快手用户下单完成后，快手运营者便可以通过该商品的销售获

得收益，实现视频购物变现。

9.2.2 售卖课程

部分自媒体和培训机构，可能自身无法为消费者提供实体类的商品。那么，是不是对于他们来说，快手短视频平台仅仅就是积累粉丝、进行自我宣传的一个渠道呢?

很显然，快手短视频平台的价值远不止此，只要自媒体和培训机构拥有足够的干货内容，同样是能够通过快手短视频平台获取收益的。比如，可以在快手短视频平台中通过开设课程招收学员的方式，借助课程费用实现变现。

如图 9-12 所示在某 CAD 教学快手号的主页中有一个“他的精选”按钮，快手用户只需点击该按钮，便可进入“他的精选”界面，该界面中会列出该账号的一些教学课程。快手用户点击某个教程进入，便可了解该教程的内容，有需要者还可以直接购买教程进行学习。而快手用户购买了教程之后，该快手号便可直接实现变现目标。

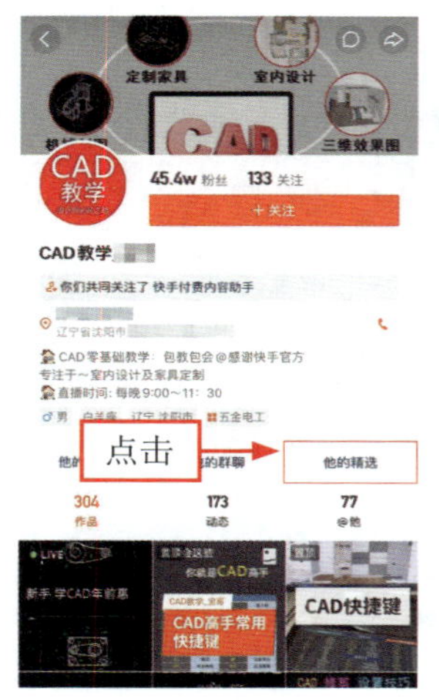

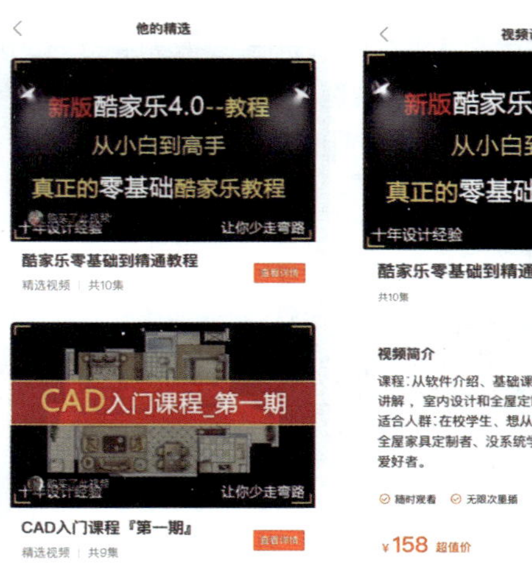

图 9-12　销售课程变现

9.2.3 小店销售

快手运营者可以开设自己的快手小店，然后将相关的商品都添加至小店中。只要快手小店中的商品销售出去了，快手运营者便可以获得收益、实现变现。那么，如何通过快手小店购买商品呢？接下来进行简单的说明。

快手用户在查看某条快手视频时，点击右上方的账号头像，如图 9-13 所示。操作完成后，即可进入该账号的主页界面。如果该账号开通了快手小店，就会在主页界面中显示“XXX 的小店”，如图 9-14 所示。

图 9-13　点击账号头像　　　　图 9-14　快手主页界面

快手用户只需点击“XXX 的小店”按钮，便可进入如图 9-15 所示的“快手小店”界面。在该界面中点击对应的商品，便可进入如图 9-16 所示的商品详情界面。快手用户点击“去购买”按钮，并输入购买信息，支付对应的金额便完成下单了。

图 9-15　商品详情界面

图 9-16　商品下单界面

9.2.4 微商经营

微商卖货和直接借助于快手平台卖货虽然销售的载体不同，但也有一个共同点，那就是要有可以销售的产品，最好是有自己的代表性产品。而微商卖货的重要一步就在于，将快手用户引导至微信等社交软件。这一点很容易就能做到，快手号运营者可以在快手账号简介中展示微信等联系方式，吸引快手用户添加，如图 9-17 所示。

图 9-17　账号简介中展示联系方式

将快手用户引导至社交软件之后，接下来便可以通过将微店产品链接分享至朋友圈等形式，对产品进行宣传，如图 9-18 所示。只要用户点击链接购买商品，微商便可以直接赚取收益了。

图 9-18　微信朋友圈宣传产品

9.3 粉丝变现

快手是一个流量巨大的平台，而对于快手运营者来说，借粉丝的力量变现也不失为一种不错的生财之道。

粉丝变现的关键在于吸引快手用户观看你的短视频，然后通过短视频内容吸引快手用户关注，从而达到自己的目的。一般来说，粉丝变现主要有三种方式，这一节笔者将分别进行解读。

9.3.1 出版图书

图书出版，主要是指快手运营者在某一领域或行业经过一段时间的经营，拥有了一定影响力或者有一定经验之后，将自己的经验总结成书，然后出版，以此获得收益的盈利模式。

短视频原创作者采用出版图书这种方式来获得盈利，只要快手短视频运营者本身有基础与实力，那么收益还是很可观的。例如，快手号“一禅小和尚”便曾采取这种方法进行变现。一禅小和尚通过快手发布短视频，积累了 800 多万粉丝，成功地塑造了一个 IP 形象。如图 9-19 所示为一禅小和尚的快手主页。

图 9-19 “一禅小和尚”的快手主页

因为一禅小和尚的形象在许多快手用户心中留下了深刻的印象，再加上该快手号中发布的内容比较打动人，所以，一禅小和尚结合自身的形象和快手号的相关内容，出版了一些图书，如图 9-20 所示。

这些书出版之后短短几天，不仅获得了销量，而且还受到了部分快手用户的积极推荐，由此不难看出其受欢迎程度。而这本书之所以如此受欢迎，除了内容对读者有吸引力之外，与一禅小和尚这个 IP 也是密不可分的，部分快手用户就

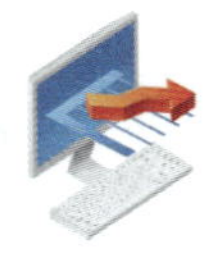

是冲着一禅小和尚这个 IP 来买书的。

图 9-20　一禅小和尚出版的图书

另外，当你的图书作品火爆后，还可以通过售卖版权来变现，小说等类别的图书版权可以用来拍电影、拍电视剧或者网络剧等，这种收入相当可观。当然，这种方式可能比较适合那些成熟的短视频团队，如果作品拥有了较大的影响力，便可以进行版权盈利变现。

9.3.2　引流线下

快手用户都是通过快手短视频 App 来查看线上发布的相关短视频，而对于一些在线上没有店铺的抖商来说，要做的就是通过短视频将线上的快手用户引导至线下，让用户到实体店打卡。

如果快手运营者拥有自己的线下店铺，或者与线下企业合作，则建议大家一定要做位置定位，这样可以获得一个地址标签，让快手用户可以借助地图更方便地找到你的店铺，并到店铺中打卡。

除此之外，快手运营者将短视频上传之后，附近的快手用户还可在同城版块中看到你的快手短视频。再加上定位功能的指引，便可以有效地将附近的快手用户引导至线下实体店。具体来说，其他快手用户可以在同城版块中通过如下操作了解线下实体店的相关信息。

例如，在同城界面点击某个视频，如果该视频进行了位置定位，那么，视频播放页面下方便会出现 图标和与之对应的地址及店名，如图 9-21 所示。

图 9-21 视频播放页下方出现⊙图标和与之对应的地址及店名

如果快手用户点击⊙图标和与之对应的地址及店名，便可查看该店铺的相关信息及其发布的视频，如图 9-22 所示。除此之外，快手号还可以直接在主页界面进行位置定位，积极引导快手用户到实体店打卡，如图 9-23 所示。

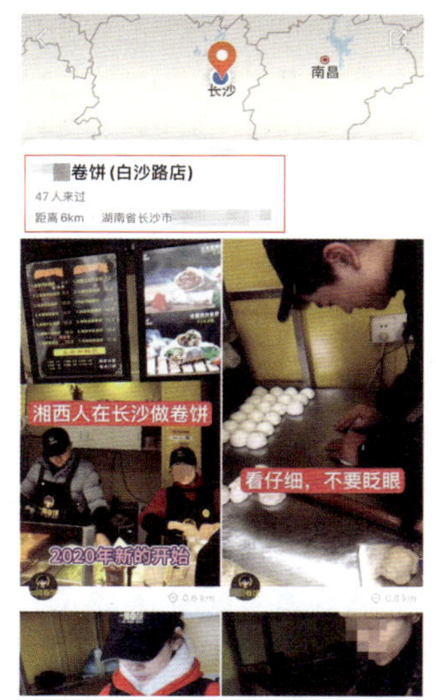

图 9-22 查看店铺信息及其发布的视频

图 9-23 快手号主页的位置定位

在快手平台上，只要有人观看你的短视频，就能产生触达。位置定位拉近了实体店（或企业）与用户的距离，在短时间内能够将大量用户引导至线下，对品牌进行营销推广和商业变现。而且位置定位搭配话题功能和快手天生的引流带货基因，也能使线下店铺的传播效率和用户到店率得到提升。

9.3.3 账号出售

在生活中，无论是线上还是线下，都是有转让费存在的。而这一概念随着时代的发展，逐渐有了账号转让的存在。同理，账号转让也需要接收者向转让者支付一定的费用，就这样，最终使账号转让成为获利变现的方式之一。

而对快手平台而言，由于快手号更多的是基于优质内容发展起来的，因此，快手号转让变现通常比较适合发布了较多原创内容的账号。如今，互联网上关于账号转让的信息非常多，在这些信息中，有意向的账号接收者一定要慎重对待，不能轻信，且一定要到比较正规的网站上操作，否则很容易受骗上当。

例如，鱼爪新媒交易平台便提供了快手账号的转让服务，快手运营者只需点击鱼爪新媒交易平台首页界面中的“快手号交易”按钮，便可进入如图 9-24 所示为“快手号交易”界面。

图 9-24 “快手号交易”界面

如果快手运营者想将自己的快手账号进行转让，只需点击“快手号交易”界面的“我要出售”按钮，便可进入如图 9-25 所示的界面。在该界面填写相关信息；点击“确认发布”按钮，即可发布账号转让信息。账号转让信息发布之后，只要售出，快手运营者便可以完成账号转让变现。

当然，在采取这种变现方式之前，快手运营者一定要考虑清楚。因为账号转让相当于将账号直接卖掉，一旦交易达成，快手运营者将失去账号的所有权。如果不是专门做账号转让的快手运营者，或不是急切需要变现，笔者不建议采用这种变现方式。

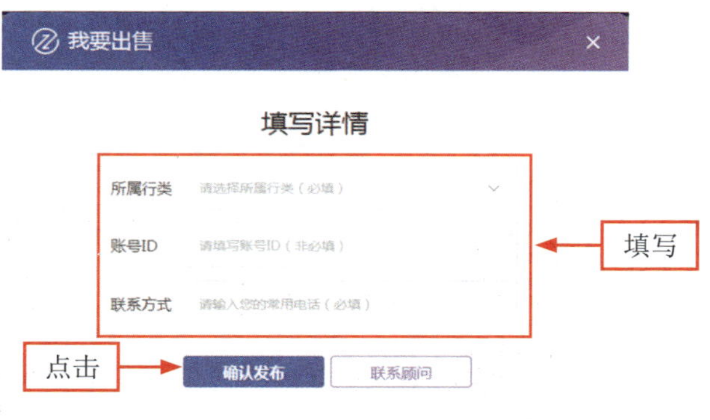

图 9-25 “我要出售”界面

9.4 其他变现方式

除了直播变现、电商变现和粉丝变现之外，快手运营者还可以通过其他变现方式来提高自身的“钱”力。这一节笔者就来重点介绍其中的四种方法。

9.4.1 承接广告

当快手运营者的账号积累了大量粉丝，账号成了一个知名度比较高的 IP 之后，可能就会被邀请做广告代言。此时，快手运营者便可以赚取广告费，从而进行 IP 变现。

在快手账号的运营者中通过广告代言变现的 IP 还是比较多的，它们共同的特点就是粉丝数量多，知名度高。如图 9-26 所示为“冯提莫”的快手主页，可以看到其粉丝量便超过了 100 万。

图 9-26 “冯提莫”的快手主页

正因为有如此多的粉丝，冯提莫成功地承揽了许多广告代言业务，其中不乏一些知名品牌的代言业务。如图 9-27 所示为冯提莫的代言宣传海报。广告代言多，又有不少是知名品牌，冯提莫的广告代言收入也就可想而知了。

图 9-27　冯提莫的代言宣传海报

9.4.2　品牌变现

品牌能够借助火爆的短视频内容效应吸引粉丝，从而达到流量与价值的双重变现目的。超级 IP 与品牌通过短视频将双方紧密结合，是快手变现的一条新渠道。

例如，“三只松鼠”便在快手上开设了官方账号，并用该账户发布了一些短视频。如图 9-28 所示为“三只松鼠”的快手主页和其发布的相关短视频。

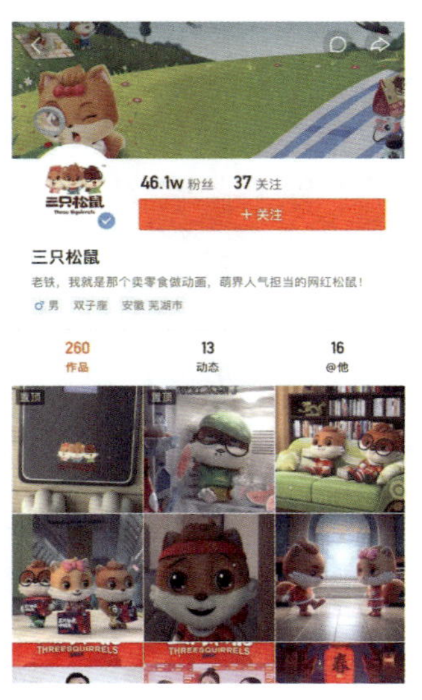

图 9-28　“三只松鼠”的快手主页和其发布的相关短视频

虽然“三只松鼠”并没有在快手平台直接开设小店，但通过短视频的发布，也在一定程度上提高了“三只松鼠”这个品牌在快手用户心目中的知名度和认同感。当然，通过快手进行品牌变现时，还需要注意以下两点。

1. 快手和超级 IP 的共性

快手可以为品牌带来大量的流量，同样的，品牌也可以给快手带来流量。在互联网中创业，流量是最重要的“武器”，没有流量就难以赢得市场，没有消费者就不会有收益。可以说现在就是一个“粉丝时代”，拥有流量的品牌或 IP 才能真正做强做大。

2. 做好品牌

根据快手的基础用户画像报告显示，快手用户的男女比例基本持平，年龄大部分在 35 岁以下，整体学历不高，最高学历为高中，而且大部分用户来自二线城市以下，更多的来自三四线城市。

从快手用户群体可以看出，存在明显的圈层，因此品牌如果想要扩散到更广泛的人群，必须在内容上下工夫，此时定位就相当重要了。

9.4.3 IP 变现

快手运营者要把个人 IP 做成品牌，当粉丝达到一定数量后可以向娱乐圈发展，如拍电影和电视剧、上综艺节目以及当歌手等，实现 IP 的增值，从而找到更多、更好的方式进行变现。如今，快手平台上就有很多“网红”进入娱乐圈发展，包括冯提莫、白小白等。

例如，作为一个实力派创作歌手，白小白不仅在快手上发布了大量歌唱类短视频，更推出了《最美情侣》《最美婚礼》和《最后我们没在一起》等原创歌曲，吸引了大量快手用户的关注。如今白小白已成为拥有超过 3000 万粉丝的大 IP。如图 9-29 所示为白小白的快手主页。

图 9-29 白小白的快手主页

正是因为在快手平台上积累了巨大流量，再加上自己也有一定的演唱水准，白小白不仅被许多音乐人看中，推出了众多量身定制的单曲，更被许多综艺节目邀请。如图 9-30 所示为白小白参加 CCTV3 的综艺节目《开门大吉》，演唱原创歌曲《最美情侣》的相关画面。

图 9-30　白小白参加《开门大吉》的相关画面

9.4.4　平台盈利

部分快手运营者有可能同时经营多个线上平台，而且快手还不是其最重要的平台。对于这一部分快手运营者来说，通过一定的方法将快手粉丝引导至特定的其他平台，让快手粉丝在目标平台中发挥作用就显得非常关键了。

一般来说，快手运营者可以通过两种方式将快手用户引导至其他平台：一是通过链接引导；二是通过文字、语音等表达方式进行引导。

通过链接导粉比较常见的方式就是在视频或直播中将销售的商品插入其他平台的链接，此时，快手用户只需点击链接，便可进入目标平台。

例如，快手用户在如图 9-31 所示的直播界面中，点击按钮，可查看直播中销售的商品。

如果快手用户需要购买某件商品，可以点击商品后方的“去看看”按钮。操作完成后，进入如图 9-32 所示的商品详情界面。快手用户点击商品详情界面中的“去购买”按钮，即可进入有赞平台的商品详情界面，如图 9-33 所示。此时，如果快手用户购买商品，快手运营者便可在有赞平台上直接进行变现。

另外，当快手用户进入目标平台之后，快手运营者还可以通过一定的方法，如发放平台优惠券，将快手用户变成目标平台的粉丝，让快手用户在该平台上持续贡献购买力。

通过文字、语音等表达方式进行引导的常见方式就是在视频、直播等过程中，简单地对相关内容进行展示，然后通过文字、语音将对具体内容感兴趣的快手用户引导至目标平台。

图 9-31　查看直播中销售的商品

图 9-32　快手商品详情界面

图 9-33　有赞平台的商品详情界面

9.4.5 社群运营

在快手短视频平台上运营一段时间之后，随着知名度和影响力的提高，如果你在快手中留下了微信等联系方式，便会有人开始申请加你为好友。快手运营者可以建立专门的微信群，并将这些人拉进群中，如图 9-34 所示。

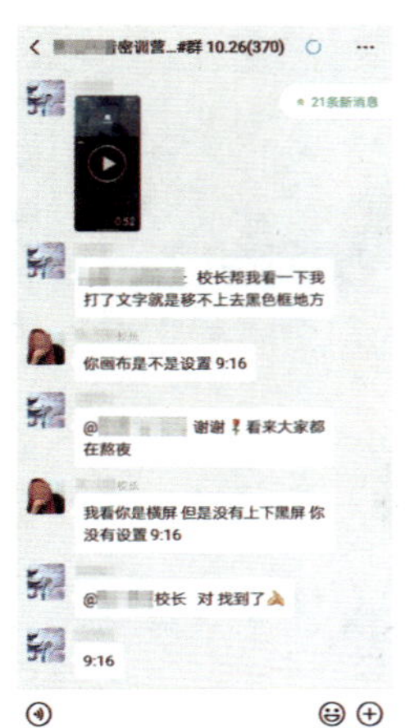

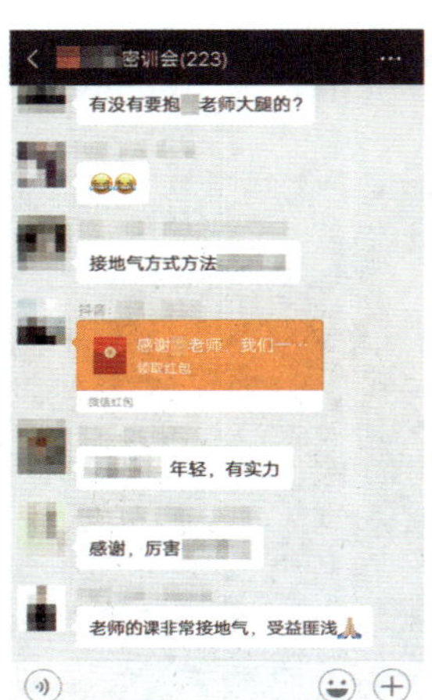

图 9-34 建立微信群

快手运营者可以好好利用这些人群，从中寻找商机。比如，这些来自快手的人群，都有具体的需求，有的人是想学习快手如何运营，有的人是想学习如何做营销。对此，我们可以根据人群的具体需求进行分类，然后将具有相同需求的人群拉进同一个微信群，构建社群。

社群建立之后，一方面快手运营者可以在社群中发布相关信息，提高自身在社群成员心中的价值；另一方面快手运营者可以结合发布的内容，向社群成员出售商品或相关服务，从而逐步实现变现。

第 10 章

抖音变现，借助实用功能快速获取收益

学前提示

在抖音平台要想快速获取收益，还得借助一些实用的功能。这一章笔者将从五个方面重点介绍抖音中的卖货功能，帮助抖音电商运营者高效变现。

要点展示

- 抖音购物车变现
- 抖音直播变现
- 抖音小店变现
- 抖音小程序变现
- 其他功能变现

10.1 抖音购物车变现

抖音购物车主要包括三个部分，即商品橱窗、视频购物车和直播购物车。抖音账号运营者开通商品橱窗功能之后，便可以在抖音视频和直播中插入商品链接。如果在短视频中插入商品链接，视频中将会出现图标，这就是视频购物车；如果在直播中添加商品，直播间将会出现图标，这就是直播购物车。

10.1.1 开通抖音购物车功能

要想开通“购物车”功能，首先必须开通商品分享功能。那么如何在抖音平台开通商品分享功能呢？具体操作步骤如下所述。

步骤 01 登录抖音短视频 App，点击按钮；在弹出的选项栏中，选择“创作者服务中心”选项，如图 10-1 所示。

步骤 02 操作完成后，进入如图 10-2 所示的创作者服务中心界面，选择界面中的“商品分享功能”选项。

图 10-1 选择“创作者服务中心”选项

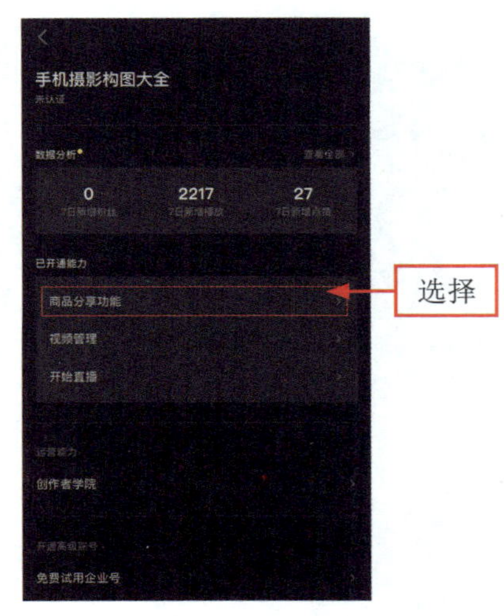

图 10-2 选择“商品分享功能”选择

步骤 03 进入“商品分享功能”界面，点击界面中的“认证”按钮，如图 10-3 所示。

步骤 04 操作完成后，进入如图 10-4 所示的“实名认证”界面，在界面中输入姓名和身份证号；点击“开始认证”按钮。

步骤 05 操作完成后，进入如图 10-5 所示的资料填写界面。在该界面填写手机号、微信号和所卖商品类目等信息，完成后点击“提交”按钮。

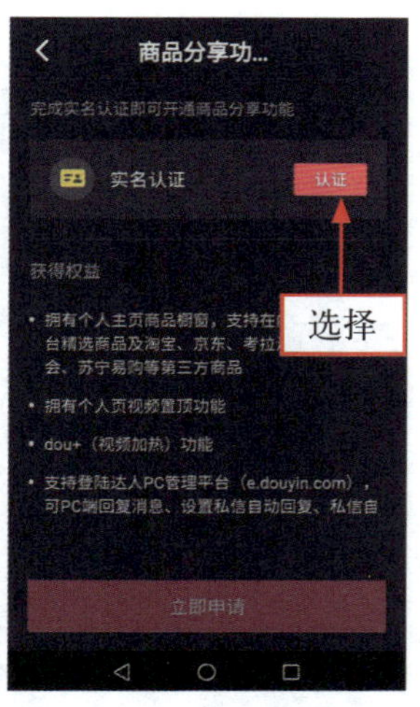

图 10-3　“商品分享功能”界面

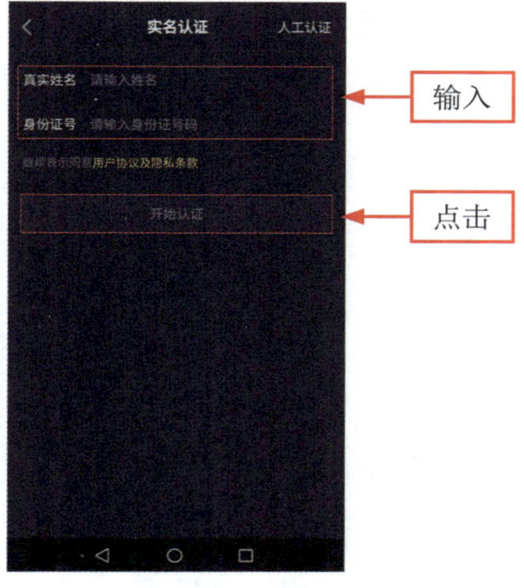

图 10-4　“实名认证”界面

步骤 06 操作完成后，如果接下来页面中显示“审核中”，就说明商品分享功能申请成功提交了，如图 10-6 所示。

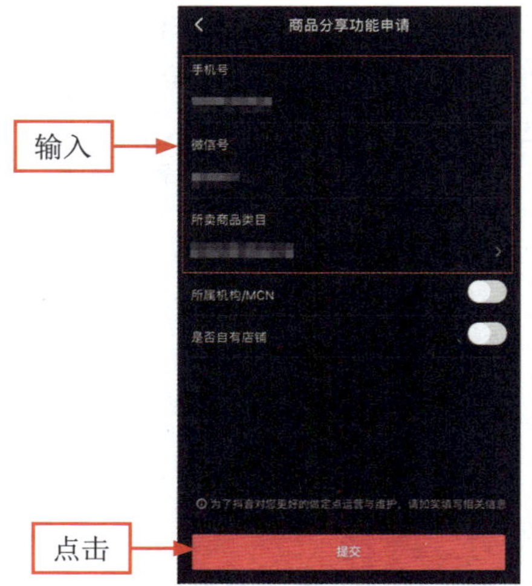

图 10-5　填写资料界面

图 10-6　商品分享功能申请提交成功

步骤 07 申请提交之后，抖音平台会对申请进行审核，如果审核通过了，便可开通商品分享功能。开通商品分享功能之后，抖音账号便可获得属于自己的商品橱窗，如图 10-7 所示。

另外，开通商品分享功能之后，抖音账号运营者还可以直接使用购物车功能。例如，拍摄完一条视频之后，视频“发布”界面便会出现一个“添加商品”选项，如图 10-8 所示。

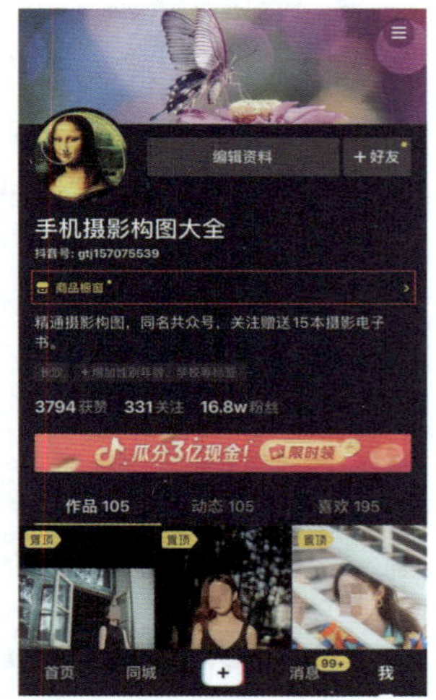

图 10-7　商品橱窗界面

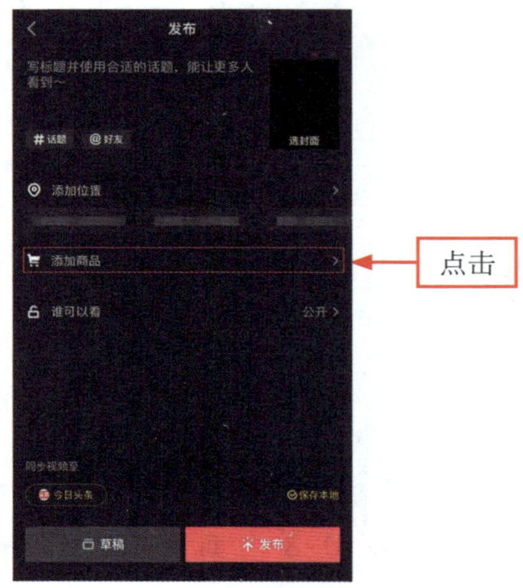

图 10-8　“发布”界面

抖音账号运营者点击“添加商品”按钮，便可进入如图 10-9 所示的“添加商品”界面，点击对应商品后方的“添加”按钮，就能将商品链接添加至视频中。

添加完成后，返回“发布”界面。此时，原来“添加商品”的位置会显示图标和商品名称，如图 10-10 所示。抖音账号运营者只需点击界面中的“发布”按钮，便可以发布一条带有购物车的短视频。

图 10-9　“添加商品”界面

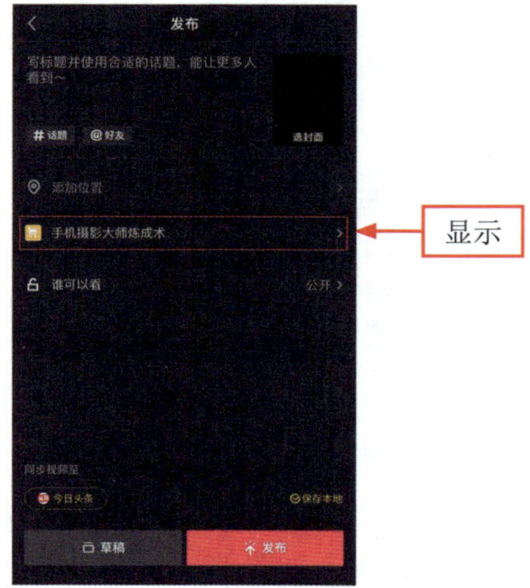

图 10-10　显示图标和商品名称界面

10.1.2　商品橱窗的管理技巧

商品分享功能和电商功能开通之后，抖音账号运营者便可以开始对商品橱窗的商品进行调整了。通常来说，商品橱窗的商品调整主要分为三个部分，即添加商品、删除商品和商品分类。接下来笔者就分别进行说明。

1. 添加商品

商品只有添加到商品橱窗之后，才能插入视频和直播中。那么，如何在商品橱窗中添加商品呢？具体操作如下所述。

步骤 01 登录抖音短视频App，点击个人主页中的“商品橱窗”按钮，进入“商品橱窗”界面，然后点击界面中的“橱窗管理”按钮，如图 10-11 所示。

步骤 02 进入“商品橱窗管理”界面，点击左下方的“添加商品”按钮，如图 10-12 所示。

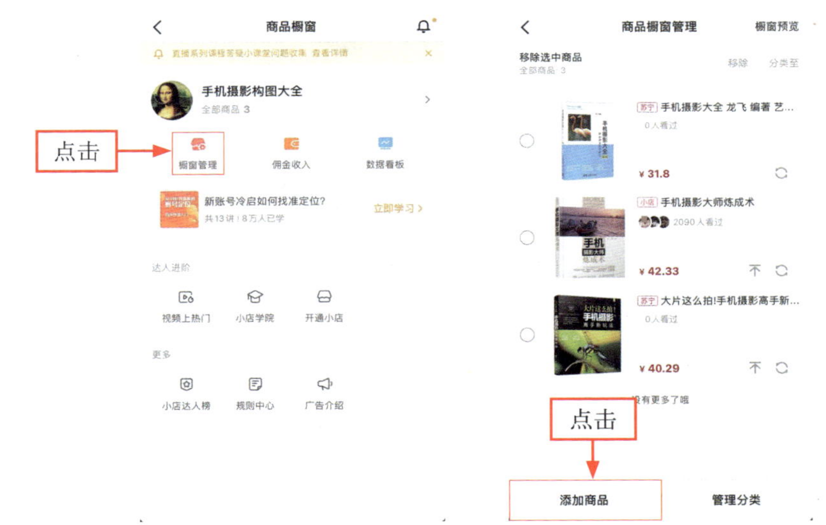

图 10-11　点击“橱窗管理”按钮　　图 10-12　点击“添加商品”按钮

步骤 03 进入“添加商品”界面，在该界面抖音账号运营者可以通过搜索或添加商品链接的方式添加商品，如图 10-13 所示。下面笔者就以搜索商品为例进行说明。

步骤 04 在搜索栏中输入商品名称（如《手机摄影从入门到精通》），点击对应商品后方的“加橱窗”按钮，如图 10-14 所示。

步骤 05 进入“编辑商品”界面，在界面中输入商品的相关信息，信息编辑完成后点击“完成编辑”按钮，如图 10-15 所示。

图 10-13　“添加商品”界面

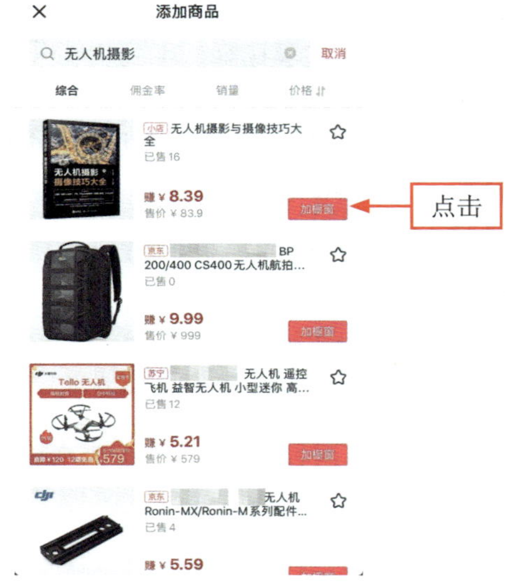

图 10-14　点击“加橱窗”按钮

步骤 06 操作完成后，进入“商品橱窗管理”界面，如果界面中的商品数量增加了一个，并且界面中出现刚刚添加的商品的相关信息，就说明商品添加成功了，如图 10-16 所示。

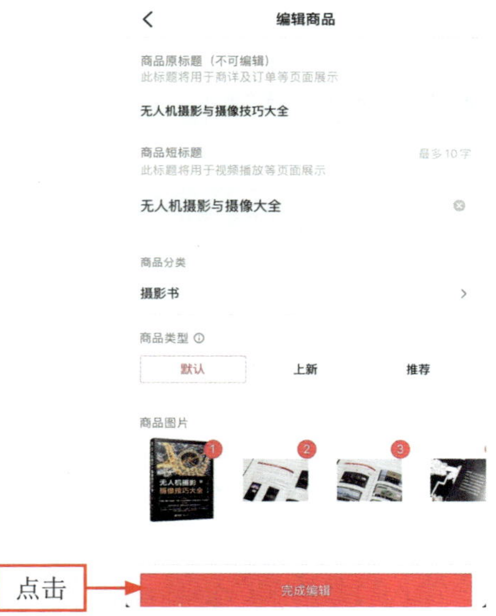

图 10-15　点击“完成编辑”按钮

图 10-16　商品添加成功界面

2. 删除商品

当商品橱窗中的商品没货了，或者觉得商品橱窗中的某些商品不适合再销售时，抖音运营者就需要进行删除商品的操作了。那么，如何删除商品橱窗中的商品呢？具体操作步骤如下。

步骤 01 登录抖音短视频 App，进入“商品橱窗管理”界面，勾选商品；点击上方的“移除”按钮，如图 10-17 所示。

步骤 02 操作完成后，弹出“移除商品”对话框，点击对话框中的“确定”按钮，如图 10-18 所示。

图 10-17 点击“移除”按钮

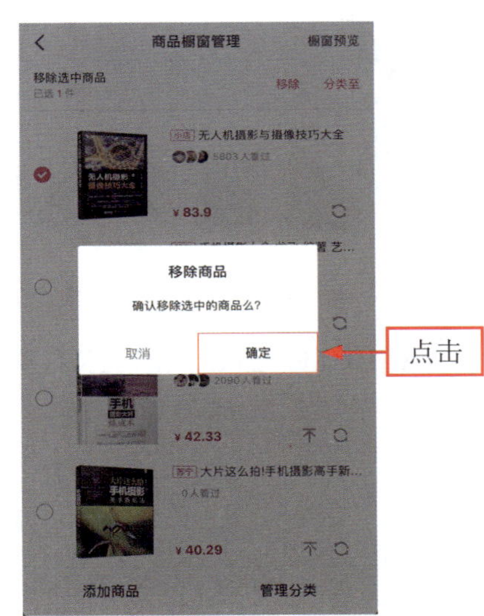

图 10-18 点击“确定”按钮

步骤 03 操作完成后，进入“商品橱窗管理”界面，如果界面不再显示刚刚进行移除操作的商品，就说明商品移除成功了。

3. 商品分类

当运营者添加的商品比较多时，为了对商品进行有序的管理，抖音运营者可以进行商品分类管理。在抖音商品橱窗中，商品分类管理的操作具体如下所述。

步骤 01 添加商品时，抖音电商运营者可以在“编辑商品”界面，点击“选择分类”按钮，如图 10-19 所示。

步骤 02 操作完成后，进入“分类至”界面，点击界面下方的“新建分类”按钮，如图 10-20 所示。

步骤 03 操作完成后，界面中将弹出“商品分类”对话框。在对话框中输入商品类别名称，点击“确定”按钮，如图 10-21 所示。

步骤 04 操作完成后，在“分类至”界面中将出现对应的商品类别，选择商品需要加入的类别，点击“完成”按钮，如图 10-22 所示。

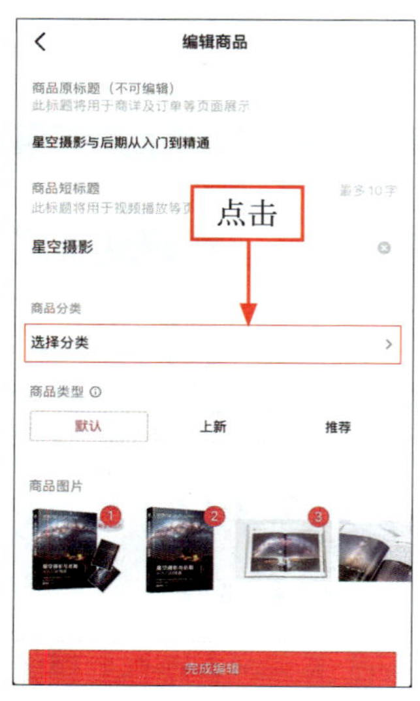

图 10-19　点击“选择分类”按钮

图 10-20　点击“新建分类”按钮

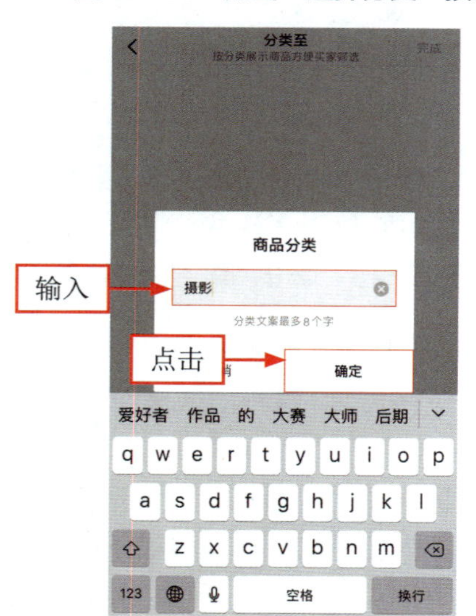

图 10-21　点击“确定”按钮

图 10-22　点击“完成”按钮

步骤 05 操作完成后，进入“商品橱窗管理”界面，点击“管理分类”按钮，如图 10-23 所示。

步骤 06 操作完成后，进入“管理分类”界面，如图 10-24 所示。

步骤 07 点击商品刚加入的类别，即可进入该类别界面，看到商品的封面、标题等信息，如图 10-25 所示。至此，商品分类便完成了。

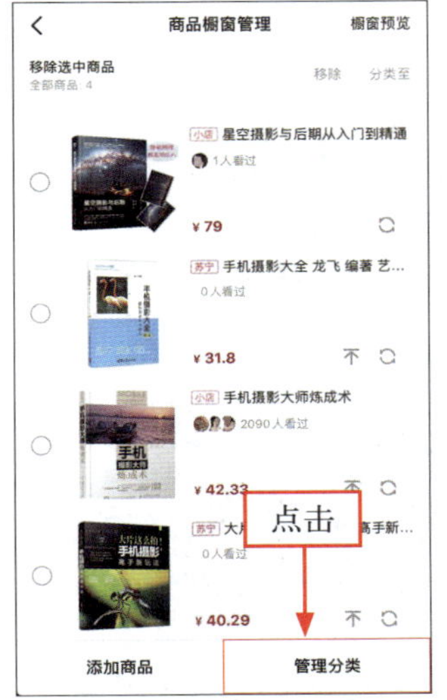

图 10-23　点击“管理分类”按钮

图 10-24　“管理分类”界面

图 10-25　对应商品类别界面

10.1.3 抖音购物车的变现方式

抖音购物车变现主要有五种方式，下面笔者就分别进行说明。

1. 商品橱窗变现

当一个抖音号开通商品橱窗功能之后，抖音运营者便可以把商品橱窗当成一个集中展示商品的地方，把想要销售的商品都添加到商品橱窗中。抖音用户如果进入抖音号的商品橱窗界面，选择需要的商品，便可以进入抖音商品详情界面了解和购买商品，如图 10–26 所示。而抖音用户购买商品之后，抖音运营者便实现了变现。

图 10–26　商品橱窗变现

2. 自营店铺变现

抖音电商运营者可以自己开设一个抖音小店，或者将自己网店中的商品添加至抖音视频、直播中，通过自营店铺进行变现。例如，将自己店铺中的商品添加至抖音视频时，视频中就会出现一个购物车链接，抖音用户只需点击该链接，便可进入对应界面购买商品，如图 10–27 所示。而抖音运营者便可以借此实现变现了。

3. 赚取佣金变现

因为开设自己的店铺不仅需要一定的成本，还需要花费大量的时间和精力进行管理。所以，大多数抖音运营者可能并不具有通过自营店铺变现的条件。为此，抖音平台特意打造了佣金变现模式，让没有自营店铺的运营者也能轻松变现。

例如，在给商品橱窗添加商品时，抖音运营者可以看到每款商品均有“赚XX”的字样，这是每一次通过你添加的商品购物车的链接卖出去东西能够获得的佣金收入。另外，抖音运营者还可以点击“添加商品”界面的“佣金率”按钮，根据商品的佣金率选择商品进行添加，如图 10–28 所示。

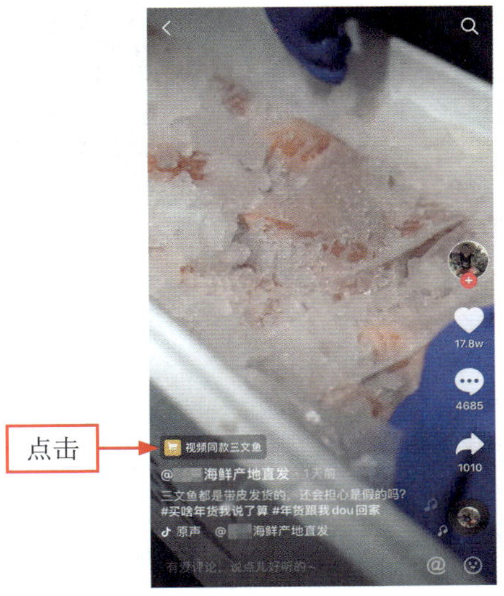

图 10-27　自营店铺变现

图 10-28　赚取佣金变现

10.2　抖音直播变现

在抖音平台中，如果要实现变现，一定要用好视频和直播。而相比于视频，直接面对抖音用户的直播，更容易受到部分抖音用户的欢迎。因此，如果主播和抖音账号运营者能够做好抖音直播，就能获得惊人的“吸金”能力。

10.2.1 开通抖音直播功能

抖音运营者只需满足一个条件即可直接开通直播功能，那就是进行实名认证。实名认证完成后，如果系统发来系统通知，告知你已获得开通抖音直播的资格，就说明抖音直播功能开通了，如图 10-29 所示。

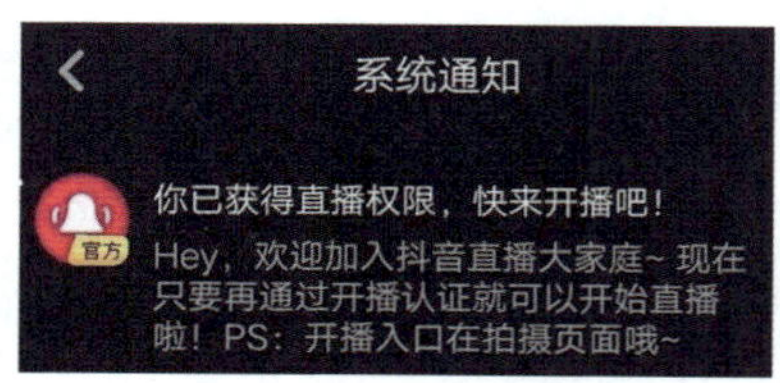

图 10-29 获得开通抖音直播的系统通知

10.2.2 抖音开直播的流程

对于抖音运营者来说，抖音直播可谓促进商品销售的一种既直接又重要的方式。那么，究竟如何开抖音直播呢？下面笔者就对开直播的方法流程进行简单的说明。

步骤 01 登录抖音短视频 App，进入视频拍摄界面，点击界面中的“开直播”按钮，如图 10-30 所示。

步骤 02 操作完成后即可进入如图 10-31 所示的抖音直播设置界面。

图 10-30 视频拍摄界面

图 10-31 直播设置界面

步骤 03 在直播设置界面设置直播封面、标题等信息；点击“商品”按钮，如图 10-32 所示。

步骤 04 进入如图 10-33 所示的“选择直播商品”界面，在该界面选择需要添加的商品，点击“完成”按钮。

需要注意的是，该界面出现的商品来自账号的商品橱窗，如果运营者需要添加其他商品，应先行将商品添加至商品橱窗。

步骤 05 操作完成后，返回“直播设置”界面，此时“商品”所在的位置会显示添加的商品数量。确认商品添加无误后，点击“开始视频直播”按钮，如图 10-34 所示。

步骤 06 操作完成后，进入直播倒计时。倒计时结束后，便可进入如图 10-35 所示的直播界面。

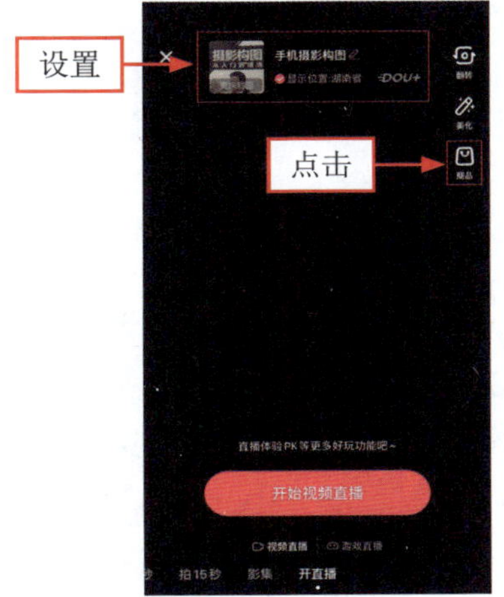

图 10-32　点击“商品”按钮

图 10-33　点击“完成”按钮

图 10-34　点击“开始视频直播”按钮

图 10-35　进入直播界面

10.2.3　专业直播间的打造

在运营抖音直播的过程中，一定要注意视频直播的内容规范要求，切不可逾越雷池，以免辛苦经营的账号被封。另外，在打造直播内容、产品或相关服务时，运营者要遵守相关的法律法规，只有合法的内容才能得到承认，才可以在互联网中快速传播。

1. 建立更专业的直播室

首先要建立一个专业的直播空间，主要包括以下几个方面。

(1) 直播室要有良好稳定的网络环境，保证直播时不会掉线和卡顿，影响用户的观看体验。如果是在室外直播，建议选择无限流量的网络套餐。

(2) 购买一套好的电容麦克风设备，给用户带来更好的音质效果，同时也将自己的真实声音展现给他们。

(3) 购买一个好的手机外置摄像头，让直播效果更加高清，给用户留下更好的外在形象，当然也可以通过美颜等效果来给自己的颜值加分。

其他设备还需要准备桌面支架、三脚架、补光灯、手机直播声卡以及高保真耳机等。例如，直播补光灯可以根据不同的场景调整画面亮度，获得美颜、亮肤效果；手机直播声卡可以高保真收音，无论是高音还是低音都可以使其更真实，让你的歌声更加出众。

2. 设置一个吸睛的封面

抖音直播的封面图片设置得好，能够为各位主播吸引更多的粉丝观看。目前，抖音直播平台上的封面都是以主播的个人形象照片为主，背景以场景图居多。抖音直播封面没有固定的尺寸，不宜过大也不宜太小，只要是正方形等比都可以，但画面要做到清晰美观。

10.2.4 抖音直播的变现方式

对于大多数抖音运营者来说，之所以要进行抖音直播，就是因为通过直播能够有效地进行变现。具体来说，在抖音直播中主要有两种变现方式，下面笔者将分别进行分析。

1. 直播卖货

通过直播，主播可以获得一定的流量。抖商能够借用这些流量进行产品销售，让受众边看边买，直接将主播的粉丝变成店铺的潜在消费者。而且相较于传统的图文营销，这种直播导购的方式可以让用户更直观地把握产品，它取得的营销效果往往会更好一些。

如图 10-36 所示为某购物直播的相关界面，受众在观看直播时只需点击下方的按钮，即可在弹出的菜单栏中看到直播销售的商品。

图 10-36　某购物直播的相关界面

如果受众想要购买某件商品，只需点击该商品后方的“去看看”按钮，便可进入该商品的抖音信息详情界面，支付对应的金额，完成下单。

在通过直播卖货进行变现时，需要特别注意两点。其一，主播一定要懂得带动气氛，吸引用户驻足。这不仅可以刺激用户购买产品，还能通过庞大的在线观看数量，让更多用户主动进入直播间。

其二，要在直播中为用户提供便利的购买渠道。因为有时候用户购买产品只是一瞬间的想法，如果购买方式太麻烦，用户可能会放弃购买。而且在直播中提供购买渠道，也有利于主播为用户及时答疑，增加产品的成交率。

2. 直播打赏

对于那些有直播技能的主播来说，最主要的变现方式就是通过直播来赚钱了。粉丝在观看主播直播的过程中，可以在直播平台上充值购买各种虚拟礼物，在主播的引导或自愿的情况下打赏给主播，而主播则可以从中获得一定比例的提成收入。

这种变现方式要求人物 IP 必须具备一定的语言和表演才能，而且要有一定的特点或人格魅力，能够将粉丝牢牢地“锁在”你的直播间，而且还能够让他们主动为你花费钱财购买虚拟礼物。

直播在许多人看来就是在玩，毕竟，大多数直播都是一种娱乐。但是，不可否认的一点是，只要玩得好，玩着玩着就能把钱给赚了。因为主播们可以通过直播获得粉丝的打赏，而打赏的这些礼物又可以直接兑换成钱。

当然，要通过粉丝送礼，玩着玩着就把钱赚了，首先需要主播拥有一定的人气。这就要求主播自身要拥有某些过人之处，只有这样，才能快速积累粉丝数量。

其次，在直播的过程中，还需要一些所谓的“水军”进行帮衬。如图 10-37 所示为粉丝给主播送礼物的相关界面，可以看到在画面中，粉丝都是扎堆送礼物的。之所以会出现这种情况，“水军”可以说是功不可没的。

图 10-37　粉丝给主播送礼物的相关界面

这主要是很多时候人都有从众心理，所以，如果有“水军”带头给主播送礼物，其他人也会跟着送，这就会在直播间营造一种氛围，让看直播的其他受众在压力之下，因为觉得不好意思，或是觉得不能白看，也跟着送礼物。

10.3　抖音小店变现

抖音小店是抖音短视频平台的一个重要功能，同时，也是无数商家的带货新平台。抖音账号运营者入驻抖音小店之后，可以将抖音小店的商品添加至短视频和直播中，抖音用户只需点击对应的商品链接，便可以在抖音短视频平台完成商品的购买，而无须跳转至其他平台，这无疑让商品的购买变得更加便利。

10.3.1　抖音小店的开店测试

如果抖音账号运营者虽然有开设抖音小店的想法，但却不确定哪种开店方式更适合自己。那么，你可以先做一个开店测试，然后根据测试结果选择相对合适的开店方式。

抖音 App 中为抖音账号运营者提供了开店测试的内容，具体如图 10-38 所示。抖音运营者可以通过 10 个问题的回答，得出具体的测试结果，然后根据测试结果选择属于自己的开店方式。

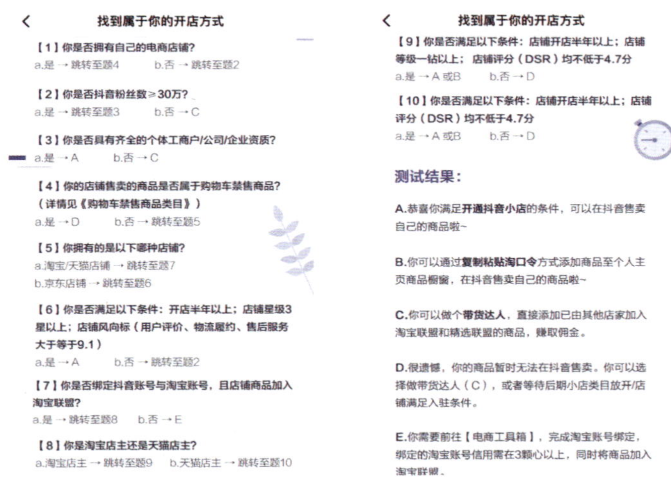

图 10-38　开店测试的内容

10.3.2　抖音小店的招商标准

抖音小店并不是说入驻就能入驻的。抖音账号运营者必须具备一定的条件，才可通过招商入驻抖音小店。具体来说，抖音小店的招商入驻条件如图 10-39 所示。

招商入驻要求

1. 必须为企业资质，不接受个人及个体工商户；
2. 售卖商品包含在招商类目范围内，且具备对应资质；
3. 开店公司注册资本高于10万（包含10万）；
4. 开店公司经营范围及经营时间在营业执照规定经营范围内；
5. 如经营进口商品，进口品牌需提供国内商标注册证、报关单、和检验检疫合格证明；
6. 商品必须符合法律及行业标准的质量要求；
7. 缴纳10000元保证金。

品牌授权书

1. 合作方为经销商或代理商的请提供品牌方开出的各级授权书，或正规采购合同及进货发票，保证授权链条完整；
2. 商标持有人为个人注册的，需要注册人开具商标授权书给合作方公司，并提供个人身份证签字；
3. 授权书约定的销售范围无限制或者明确说明可以在"放心购平台"销售，并且授权书的授权时间在有效期内。

质检报告

每个品牌须提供一份由权威质检机构出具的最近2年内的质检报告，或者有效期内的3C认证证书

图 10-39　抖音小店招商入驻要求

当然，抖音账号运营者入驻的店铺类别不同，需要提供的资料和具备的条件也会有所不同。如图 10-40 所示为店铺的类别说明，抖音账号运营者只需根据

该说明提供对应的资料即可。只要满足了要求，便可以入驻对应的抖音小店。

店铺类别
旗舰店-提供自有品牌商标注册证
（1）商家以自有品牌（商标为R或TM状态），或由权利人独占性授权，入驻放心购开设的店铺。
（2）经营一个自有品牌商品的旗舰店
（3）经营多个自有品牌商品且各品牌归同一实际控制人
专卖店-他人商标注册证+授权文件
（1）商家持他人品牌（商标为R或TM状态）和授权文件在放心购开设的店铺
（2）经营一个授权销售品牌商品的专卖店
（3）经营多个授权销售品牌的商品且各品牌归同一实际控制人的专卖店
专营店-他人商标注册证+授权文件
经营同一经营大类下两个及以上他人或自有品牌（商标为R或TM状态）商品的店铺。

图 10-40　店铺的类别说明

10.3.3　抖音小店的入驻标准

其他店铺要想入驻抖音小店，必须满足一些标准，或者说一些条件。具体来说，抖音小店的入驻标准如图 10-41 所示。抖音账号运营者只有达到了这些标准，才可以获得入驻抖音小店的资质。

1.资质齐全，有淘宝、天猫或京东第三方平台的店铺

淘宝店铺需要满足条件：

店铺开店半年以上

店铺等级一钻以上

淘宝店铺评分（DSR）符合「店铺DSR规则」

天猫店铺需要满足条件：

开店半年以上

天猫店铺评分（DSR）符合「店铺DSR规则」

京东店铺需要满足条件：

开店半年以上

店铺星级3星以上

京东店铺风向标（用户评价、物流履约、售后服务大于等于9.1）

店铺DSR规则：

类目	描述评分	服务评分	物流评分
男装	不低于4.7	不低于4.7	不低于4.7
女装	不低于4.7	不低于4.7	不低于4.7
鞋靴箱包	不低于4.7	不低于4.7	不低于4.7
服饰配件	不低于4.7	不低于4.7	不低于4.7
食品	不低于4.7	不低于4.7	不低于4.7
美妆个护	不低于4.7	不低于4.7	不低于4.7
母婴	不低于4.7	不低于4.7	不低于4.7
教育	不低于4.7	不低于4.7	不低于4.7
其他类目	不低于行业平均值	不低于4.7	不低于4.7

2.资质齐全，抖音账号粉丝大于等于30万。
（校验的是注册店铺账号的粉丝情况）

图 10-41　店铺入驻标准

10.3.4　抖音小店的入驻流程

抖音小店对接的是今日头条的放心购商城，抖音运营者可以从抖音帮助页面进入入驻平台，也可以通过 PC 端来登录，注意要选择抖音号登录。要想开通抖音小店，需要先了解开通抖音小店的流程。具体来说，开通抖音小店的一般流程如下所述。

步骤 01 在浏览器中搜索“今日头条商家后台”，进入如图 10-42 所示的官网界面，并选择登录方式。这里笔者以抖音账号登录为例进行说明。

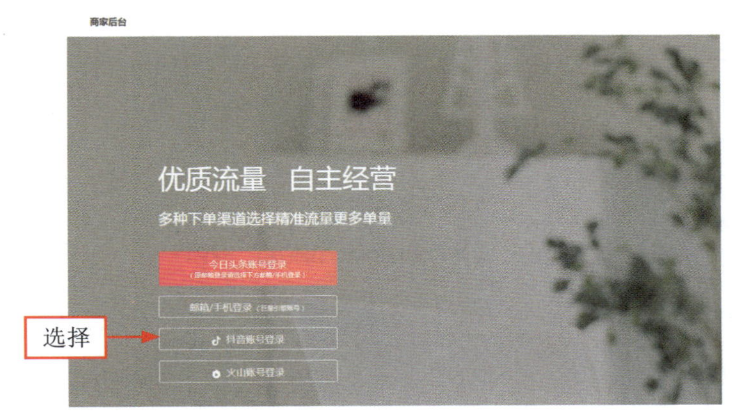

图 10-42 “商家后台”界面

步骤 02 操作完成后，进入如图 10-43 所示的“手机号登录”界面。在该界面中输入手机号码和验证码，点击下方的“登录”按钮。

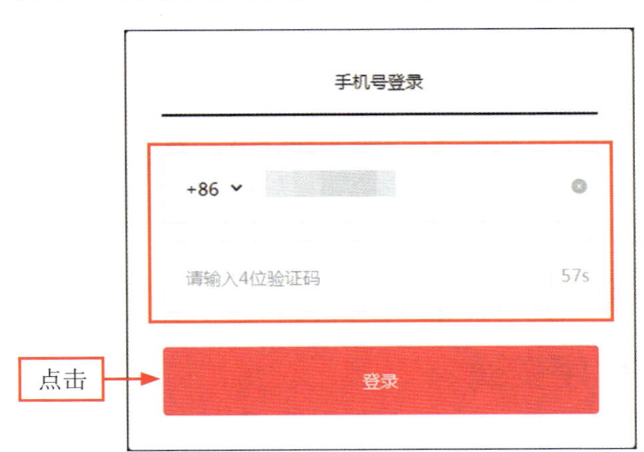

图 10-43 “手机号登录”界面

步骤 03 进入“请选择您的店铺类型”界面，在该界面中选择“个体工商户入驻”下的“普通店铺”；点击下方的“开始填写资料”按钮，如图 10-44 所示。

步骤 04 进入信息填写界面，个体抖音用户需要按要求填写主体信息和店铺信息，如图 10-45 所示。信息提交成功，并通过抖音的审核，便完成入驻操作了。

图 10-44 “请选择您的店铺类型”界面

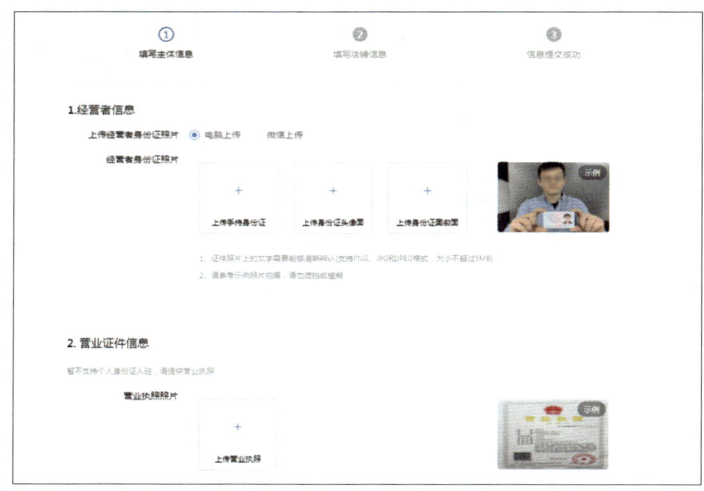

图 10-45 信息填写界面

10.4 抖音小程序变现

抖音小程序是抖音平台的一个重要功能，同时也是一个抖音短视频延伸变现的工具。抖音账号运营者一旦开发一个抖音小程序，便相当于在抖音上增加了一条变现的渠道。抖音账号运营者可以在抖音中放置抖音小程序的链接，而抖音用户点击该链接便可进入小程序，运营者便可以在小程序中购买商品实现变现。

10.4.1 抖音小程序的主要入口

和微信对微信小程序的要求一样，抖音对于自己的小程序功能也是非常重视的。这一点从抖音平台中小程序的入口数量便可以看出来。在抖音平台，主要为抖音小程序提供了五个入口，这也为抖音小程序变现提供了更多的变现机会。

1. 视频播放界面

抖音电商运营者如果已经拥有了自己的抖音小程序，便可以在视频播放界面插入抖音小程序链接，抖音用户只需点击该链接，便可以直接进入对应的链接位置。抖音小程序的特定图标为 。抖音用户只要看到带有该图标的链接，点击即可进入抖音小程序。

例如，在猫眼电影的短视频播放界面，抖音用户有时可以看到在该账号名称的上方会出现一个带有 图标的链接，抖音用户点击该链接之后，即可进入某电影的详情界面，如图 10-46 所示。

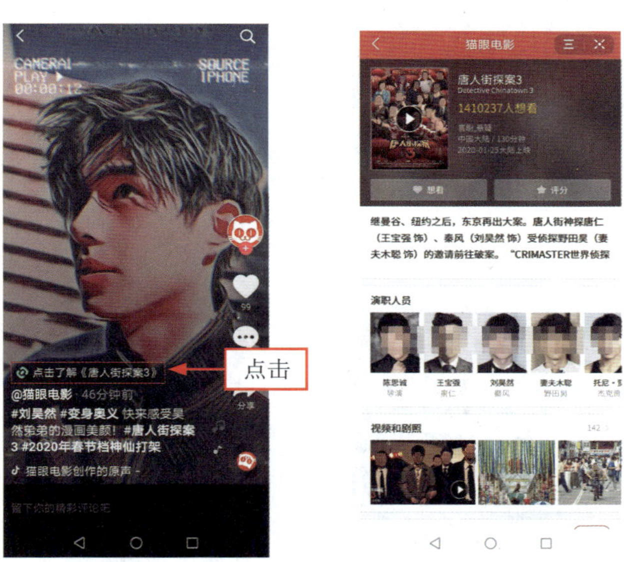

图 10-46　某电影详情界面

2. 视频评价界面

除了在视频播放界面直接插入抖音小程序链接之外，抖音电商运营者也可在视频评价界面提供抖音小程序的入口。

例如，在抖音号“小米有品”发布的部分短视频中，抖音用户点击 按钮，进入其视频评价界面，便可看到评价界面上方的小程序链接，如图 10-47 所示。抖音用户只需点击该链接，便可进入抖音小程序的对应位置。

3. 个人主页界面

在个人主页界面，同样也可插入抖音小程序链接。例如，在抖音号“贝贝粒小程序”的个人主页中，就有一个带有抖音小程序的链接，抖音用户点击该链接，便可直接进入其抖音小程序，如图 10–48 所示。

图 10–47　视频评价界面中的抖音小程序入口

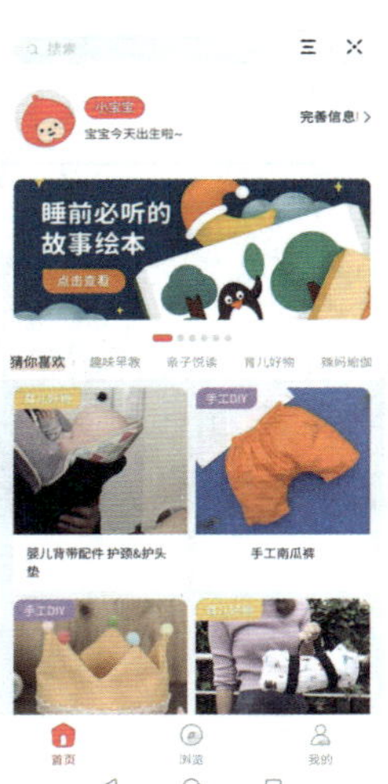

图 10–48　个人主页界面中的抖音小程序入口

4. 最近使用的小程序

如果抖音用户近期使用过某些抖音小程序，那么这些小程序就会在最近使用的小程序中出现。那么，最近使用的小程序的位置在哪里呢？

抖音用户只需点击☰按钮，在弹出的菜单栏中，选择“小程序”选项，便可进入“小程序”界面，如图 10-49 所示。抖音用户只需点击抖音小程序所在的位置，便可直接进入其对应的抖音小程序界面。

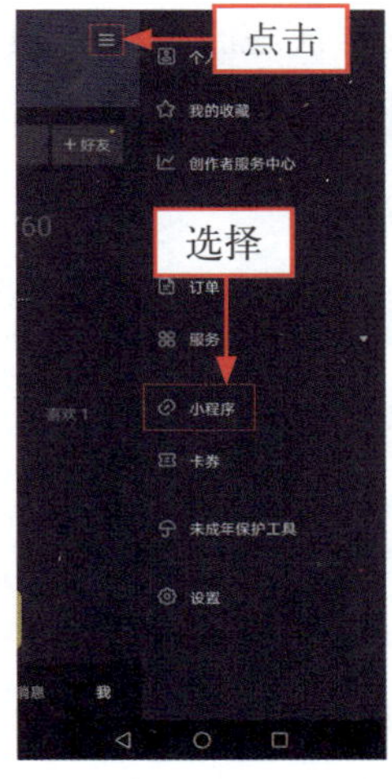

图 10-49　最近使用的小程序中的抖音小程序入口

5. 综合搜索界面

相比于去视频播放界面、视频评价界面和个人主页界面中一一查找，抖音用户可能更习惯于直接进行抖音小程序的搜索。例如，在综合搜索界面，输入“猫眼电影”，点击搜索结果界面中“小程序”版块中的“猫眼电影”，便可进入该抖音小程序，如图 10-50 所示。

图 10-50　内容搜索界面中的抖音小程序入口

10.4.2 抖音小程序的入驻方法

要想拥有一个抖音小程序，先要注册一个小程序账号。注册时需要注意的是，不同注册主体的注册要求有所不同，抖音账号在注册小程序账号时，需要了解具体的主体注册规范。如图 10-51 所示为今日头条官方给出的小程序主体注册规范。

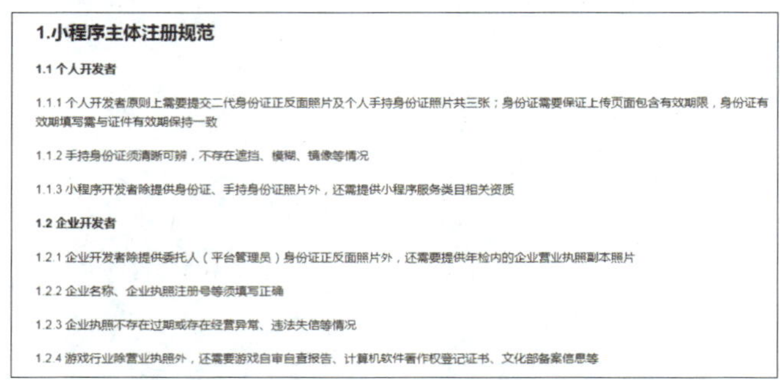

1.小程序主体注册规范

1.1 个人开发者

1.1.1 个人开发者原则上需要提交二代身份证正反面照片及个人手持身份证照片共三张；身份证需要保证上传页面包含有效期限，身份证有效期填写需与证件有效期保持一致

1.1.2 手持身份证须清晰可辨，不存在遮挡、模糊、镜像等情况

1.1.3 小程序开发者除提供身份证、手持身份证照片外，还需提供小程序服务类目相关资质

1.2 企业开发者

1.2.1 企业开发者除提供委托人（平台管理员）身份证正反面照片外，还需要提供年检内的企业营业执照副本照片

1.2.2 企业名称、企业执照注册号等须填写正确

1.2.3 企业执照不存在过期或存在经营异常、违法失信等情况

1.2.4 游戏行业除营业执照外，还需要游戏自审自查报告、计算机软件著作权登记证书、文化部备案信息等

图 10-51 小程序主体注册规范

了解了主体注册规范之后，抖音账号运营者便可以开始注册抖音小程序了。具体来说，抖音小程序的注册步骤如下所述。

步骤 01 进入字节跳动小程序开发者平台的默认界面，点击界面右上方的“快捷登录”按钮，如图 10-52 所示。

图 10-52 信息填写界面

步骤 02 操作完成后，弹出“快捷登录”对话框，在对话框中输入手机号和验证码；点击“登录”按钮，如图 10-53 所示。

步骤 03 操作完成后，进入“设置用户名”界面，在界面输入开发者用户名；点击“确认”按钮，如图 10-54 所示。

步骤 04 操作完成后，进入如图 10-55 所示的“申请创建”界面，点击界面的“申请”按钮。

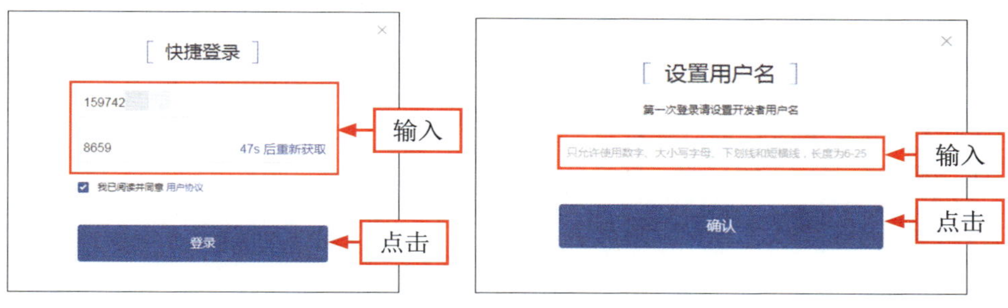

图 10-53　信息填写界面　　　　图 10-54　信息填写界面

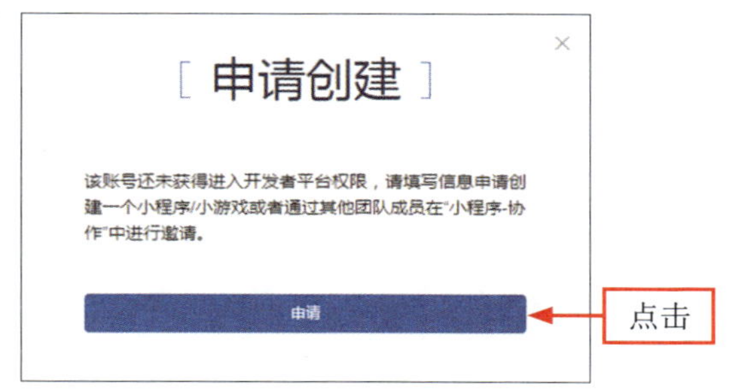

图 10-55　“申请创建”界面

步骤 05　操作完成后，进入如图 10-56 所示的申请资料填写界面，在该界面填写相关信息，并点击界面下方的“申请”按钮。

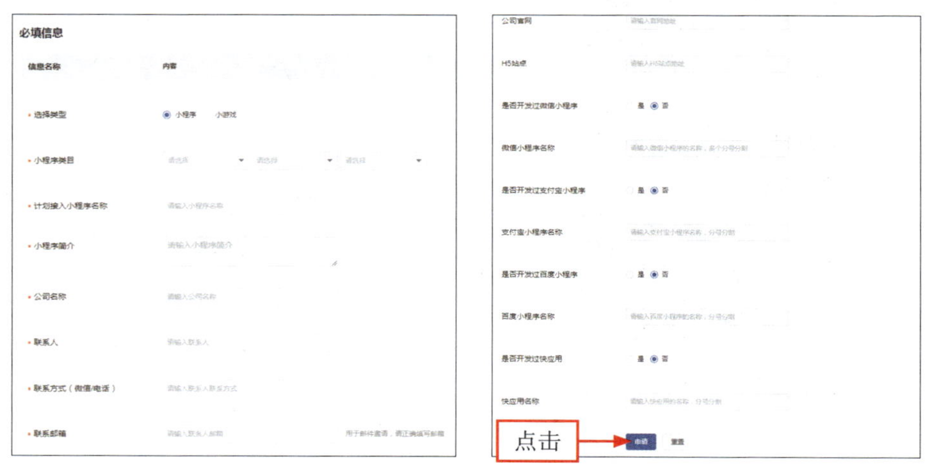

图 10-56　申请资料填写界面

申请提交之后，只需等待审核即可。审核通过之后，抖音运营者便可完成抖音小程序的注册。

10.5 其他功能变现

除了商品分享功能和抖音小店之外，抖商还需要借助一些其他功能，让抖音电商内容更丰富、更广泛地得到推广，比如 DOU +、广告营销变现和 POI 认证功能。

10.5.1 DOU+ 功能变现

DOU +作品推广功能，是一种给短视频加热，让更多抖音用户看到短视频的功能。简单地理解，其实质就是通过向抖音平台支付一定的费用，花钱买热门，提高抖音短视频的传达率。

在抖音短视频 App 中，有两种使用 DOU +作品推广功能的方法，即在个人主页使用和在视频播放页使用。接下来笔者将分别进行简单的说明。

1. 个人主页使用

在个人主页使用 DOU +作品推广功能的操作步骤具体如下所述。

步骤 01 登录抖音短视频 App，进入“我”界面。点击界面中的☰按钮，在弹出的对话框中选择“服务”一栏下方的“DOU +上热门”选项，如图 10-57 所示。

步骤 02 操作完成后，进入如图 10-58 所示的“DOU +上热门”界面，在该界面点击需要上热门的视频下方的“上热门”按钮。

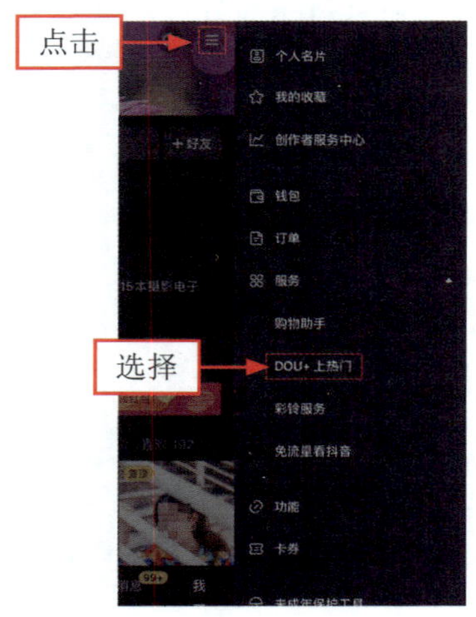

图 10-57 选择“DOU +上热门”选项

图 10-58 “DOU +上热门”界面

步骤 03 操作完成后，进入“速推版”界面。“DOU +上热门”有两种方式可供选择，即“速推版”和“定向版”，如图 10-59 所示。在该界面，可以查看被推广视频的相关信息和 DOU +的预期效果等。我们只需点击下方的“支付”

按钮，支付相应的费用，就可以将短视频推上热门，提高其传播率。

图 10-59 “DOU + 上热门”的两种方式

2. 视频播放页使用

除了在个人主页界面使用之外，DOU + 作品推广功能还能在视频播放页使用，具体操作步骤如下所述。

步骤 01 打开需要推广的短视频，点击界面的 ••• 按钮，如图 10-60 所示。

步骤 02 操作完成后，界面将弹出一个对话框，点击对话框中的“上热门”按钮，如图 10-61 所示。

图 10-60 点击 ••• 按钮

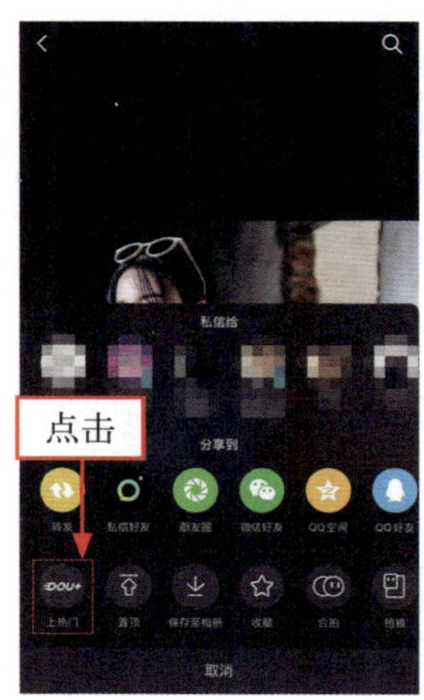

图 10-61 点击“上热门”按钮

步骤 03 操作完成后，进入 DOU +作品推广界面。抖音运营者只需根据提示支付对应的费用，便可以借助 DOU +作品推广功能进行推广引流，提高视频的变现能力了。

10.5.2 广告营销变现

抖音官方为抖音运营者提供了一些广告方式，这些广告方式不仅可以为抖音运营者提供营销渠道，还能为变现提供更好的机会。

1. 开屏广告

开屏广告，顾名思义，就是打开抖音短视频 App 之后就能看到的一种广告。这种广告的优势在于，抖音用户一打开抖音短视频 App 就能看到，所以，广告的曝光率较高。

按照内容的展示形式，开屏广告可细分为三种，即静态开屏（一张图片到底）、动态开屏（中间有图片更换）和视频开屏（以视频的形式呈现广告内容）。品牌主可以根据自身需求，选择合适的展示形式。

如图 10-62 所示为一则抖音开屏广告，抖音用户看到该广告之后，只需点击屏幕中除了“跳过广告”按钮之外的任意位置，便可进入活动页面购买商品。而抖音运营者则可以借此直接变现。

图 10-62 抖音开屏广告

2. 信息流广告

信息流广告就是以短视频的形式呈现广告内容，其文案中会出现“广告”字样，而抖音用户点击视频中的链接，则可以跳转至目标页面，出售商品变现，如图 10-63 所示。

图 10-63　抖音信息流广告

3. Topview 超级首位

Topview 超级首位是一种包含两种形式的广告呈现方式。具体来说，它包含了前面几秒的抖音开屏广告和之后的信息流广告。

从形式上来看，Topview 超级首位模块很好地融合了开屏广告和信息流广告的优势。既可以让抖音用户在打开抖音短视频 App 的第一时间就看到广告内容，也能通过信息流广告对内容进行完整的展示，并引导抖音用户了解广告详情。

如图 10-64 所示为东风风光的一条广告短视频，可以看到它一开始是以抖音全屏广告的形式展现的（左侧），而播放了几秒钟之后，就变成了信息流广告（右侧），直到该视频播放完毕。很显然，这条短视频运用的就是 Topview 超级首位模块。

图 10-64　抖音 Topview 超级首位

10.5.3 POI 认证变现

POI 是 Point of Interest 的英文缩写，中文可以翻译为“兴趣点”。店铺可以通过认证认领 POI 地址，认领成功后，即可在短视频中插入店铺位置链接，点击该链接，便可了解店铺的相关信息，如图 10-65 所示。

图 10-65　插入 POI 地址的店铺

该功能对于经营线下实体店的抖音电商运营者来说，可谓意义重大。这主要是因为抖音电商运营者如果设置了 POI 地址，那么，抖音用户便可以在店铺信息界面看到店铺的位置，点击该位置，并借助导航功能，抖音用户可以很方便地找到该店铺。

当然，POI 地址功能虽然是一个将抖音流量引至线下的实用工具，但是，引流的效果还得由短视频获得的流量来决定。因此，打造吸引抖音用户的短视频，是该功能发挥功效的基础。